amor
mudança
sabedoria

alegria
carinho
transformação
amor
mudança
conhecimento

AMOR ALÉM DE TUDO

1ª Edição | 1ª Reimpressão | julho 2014 | do 9º ao 13º milheiro

DADOS INTERNACIONAIS DE CATALOGAÇÃO PÚBLICA

FERREIRA, INÁCIO (ESPÍRITO)

Amor além de tudo

Inácio Ferreira (Espírito): psicografado por Wanderley Oliveira.

EDITORA DUFAUX: Belo Horizante, MG, 2014.

256 p. 16 x 23 cm

ISBN 978-85-63365-30-9

1. Espiritismo 2. Psicografia

I. Oliveira, Wanderley II. Título

CDU 133.9

Impresso no Brasil Printed in Brazil Presita en Brazilo

Editora Dufaux
R. Contria, 759 - Alto Barroca
Belo Horizonte
MG, 30431-028
Tel.:(31) 3347-1531
comercial@editoradufaux.com.br
www.editoradufaux.com.br

Conforme novo acordo ortográfcio da língua portuguesa ratificado em 2008.

INÁCIO FERREIRA
WANDERLEY OLIVEIRA

Série
Romance Mediúnico

Amor além de Tudo

Dufaux
editora

SUMÁRIO

PREFÁCIO

Aquecendo o coração

A ciência incha, mas o amor edifica.

I Coríntios 8:1.

Os ensinamentos e os equívocos que envolvem Marcondes[1], personagem protagonista desta obra, são lições para todos nós que amamos a Jesus e Sua mensagem orientada pelo espiritismo. Os tropeços dessa personagem representam uma síntese de nossa própria trajetória nos domínios da religião, a qual tomou conta de nossas estreitas concepções e condutas.

O Evangelho não penetrará em nosso coração se não abrirmos as portas de nossas defesas emocionais, alicerçadas no orgulho que alimenta a doença do ego desmedido.

Com o gelo da soberba e a prepotência cultural na mente, nossa única saída é aquecer o coração com novos sentimentos para derreter a frieza das nossas concepções egoísticas e arrogantes.

Não nos libertaremos das amarras de um passado de desatinos e más escolhas pelo simples fato de fazermos parte de atividades e trabalhos na seara espírita. Essas tarefas são sim uma benção, mas nosso aproveitamento pessoal ainda não tem se revelado tão positivo quanto deveria.

Não basta querer resolver nossas dificuldades na vida interior somente com desobsessão, orações, passe e trabalho em favor do próximo, pois tais iniciativas, embora louváveis e essenciais, só alcançarão propósitos iluminativos em nossas vidas se forem acompanhadas de um corajoso trabalho para colocar nossa consciência no divã. Divã este

1 Em Lírios de esperança – obra de autoria espiritual de Ermance Dufaux e psicografia de Wanderley Oliveira, Editora Dufaux -, Marcondes é apresentado como dirigente e grande doutrinador de uma expressiva agremiação em uma das principais cidades do estado de Goiás.

da honestidade emocional, da vitória sobre a hipocrisia, da lucidez sobre nossas intenções e do autoconhecimento, que nos leva à mudança efetiva de hábitos e condutas.

Se necessário, ainda, no divã dos especialistas conscientes e atentos que, em função de sua didática e de amplos recursos, têm feito enorme bem para a libertação espiritual de muitos corações na sociedade terrena em ambos os planos da vida.

Se antes a função do centro espírita era esclarecer e consolar, agora, no século XXI, em plena Era do Sentimento, compete-lhe também educar. E o campo mais educativo da alma é a convivência.

A educação à luz do espírito imortal consiste em um processo de dilatação dos níveis de inteligência emocional e saber afetivo dos seres humanos, principalmente nos relacionamentos. Afinal, para ser espírita na tarefa doutrinária, não é exigido muito esforço. Temos apoio, um ambiente para nos iluminar e para realizarmos algo em clima favorável e sabemos o que fazer. O centro espírita, no entanto, só vencerá o desafio de educar a alma se aqueles que coordenam seus caminhos entregarem-se a uma profunda e corajosa renovação na forma de pensar, sentir e fazer.

Como espíritas, o que mais precisamos é aprender a conviver uns com os outros. Existem pessoas com profundo amor pelo espiritismo, porém com desamor pelo seu irmão, o que é a maior incoerência que se pode cometer, pois amar mais a doutrina do que o nosso próprio irmão de ideal é levantar a bandeira da religião sem religiosidade, é loucura. São casos assim que precisam de tratamento e de divã!

Somente no calor da troca afetiva conseguiremos o indispensável para acender no coração os melhores e mais desejáveis sentimentos cristãos. Precisamos de gente apaixonada por gente! Gente que adore as diferenças e saiba ser leve perante os diferentes. Afinal, ter o espiritismo na mente e ficar com o coração pesado nos relacionamentos é como ter um remédio na cabeceira para curar suas doenças e não tomá-lo.

Precisamos de mais gentileza do que "decoreba" sobre os livros da codificação de Kardec. De mais cordialidade do que eventos e cerimônias repletas de verniz. De mais respeito do que normas para orientar o que é válido ou não nos serviços do bem. De mais amizade do que posições instituídas para o cumprimento de determinadas ações doutrinárias. De mais apóstolos da bondade na convivência do que médiuns que têm seus olhares voltados apenas para o mundo espiritual. De mais alegria do que rostos carrancudos que tentam transmitir a ideia de seriedade e responsabilidade. De mais pessoas humanas no espiritismo do que grandes vultos repletos de ibope e pobres de boas atitudes. De mais afeto com as diferenças do que filosofias sobre princípios morais.

Precisamos de sopa para o semelhante, mas precisamos igualmente assentar a família em volta da mesa em clima de autenticidade e prazer. Precisamos da palestra benfazeja, mas também do aprendizado do uso da palavra para dar um bom dia amoroso a alguém.

Precisamos de mais benevolência, indulgência e perdão, como relata a questão 886 de O livro dos espíritos.

A educação da alma reside, assim, em algo que transcende em muito o velho hábito de apenas acumular conhecimento para inflar o ego. Como dito no início deste prefácio: *A ciência incha, mas o amor edifica.*[2]

Que nossos textos, inspirados na magistral obra de André Luiz, psicografada pelo médium Francisco Cândido Xavier, alcancem a condição de lenha na fogueira do coração para derreter esse gelo das nossas mentes congeladas e distantes do amor. Nisso reside meu humilde e despretensioso propósito para essas reflexões.

Inácio Ferreira (Belo Horizonte, fevereiro de 2014).

---

2 I Coríntios 8:1.

Palavras do médium

Meu primeiro contato com doutor Inácio se deu em nosso centro espírita em Belo Horizonte, no ano de 1998. Na época, Maria Modesto Cravo[1] orientava nossos trabalhos, preparando-me para escrever o livro *Os dragões*[2], e sempre o víamos em sua companhia. Desde então, a presença de doutor Inácio se tornou constante. Na referida obra, ele participa das narrativas como personagem atuante. Vamos identificar, ainda, a presença desse amigo nas obras *Reforma íntima sem martírio, Escutando sentimentos, Lírios de esperança*, bem como na trilogia *Desafios da convivência no centro espírita*, entre outros.

Na atual reencarnação, embora não o tenha conhecido pessoalmente, ao ouvir seu nome pela primeira vez, no ano de 1979, fui tomado por uma enorme sensação de curiosidade e interesse. Tentei, na época, adquirir os livros que ele havia escrito como psiquiatra ainda encarnado: *Novos rumos da Medicina* e *Psiquiatria em face da reencarnação*, mas não era algo tão fácil naquele tempo. Por fim, quando desejei ir a Uberaba conhecê-lo, seu desencarne já havia acontecido.

---

1 Maria Modesto Cravo nasceu em Uberaba, em 16 de abril de 1899, e desencarnou em Belo Horizonte, em 08 de agosto de 1964. Uma das pioneiras do espiritismo em Uberaba, atuou com devotamento junto ao Centro Espírita Uberabense e ao Lar Espírita. Médium de excelentes qualidades, trabalhadora incansável do amor ao próximo e mulher de muitas virtudes, dona Modesta, como era conhecida, foi a fundadora do Sanatório Espírita de Uberaba, instituição voltada para o tratamento de transtornos mentais inaugurada em 31 de dezembro de 1933 e em plena atividade ainda hoje. Foi nessa casa de amor que se tornou conhecido o valoroso companheiro Dr. Inácio Ferreira, médico psiquiatra e um baluarte do bem.

2 Obra mediúnica de autoria espiritual de Maria Modesto Cravo e psicografia de Wanderley Oliveira, Editora Dufaux.

Foi bem mais tarde que comecei a ter recordações nítidas de meus laços com doutor Inácio e com Maria Modesta Cravo, os quais se perdem no tempo. Completamente alheias à minha vontade, aconteceram experiências de clarividência que me mostraram detalhes de lamentável drama que nos envolveu, aos três, nos tempos do século XVI, em episódios infelizes de religião e política. Desde então, passamos a manter nossos contatos mediúnicos no grupo espírita de minha atuação ao longo desses últimos dezesseis anos, aproximadamente.

No ano de 2012, doutor Inácio me disse que gostaria de escrever algo por intermédio de minha psicografia. Fiquei aguardando e, no final de 2013, ele trouxe a mim as anotações desse livro.

Agora, é com muita alegria e humildade que entrego este livro, fruto de um convite do mundo espiritual. Fiz o melhor ao meu alcance, com o coração e com a consciência em paz. Eu aprendi e me diverti muito com a oportunidade do trabalho e com a companhia de doutor Inácio. Amo-o "de paixão".

Na minha casa, todas as vezes em que ele está presente, meus dois gatos ficam enlouquecidos querendo entrar na porta do escritório onde psicografo. Como muitos sabem, no mundo espiritual, doutor Inácio não perdeu o gosto que tinha pelos gatos.

Passei também por muitas situações diferentes com ele, como marcar um horário para a psicografia e ele chegar atrasado ou nem aparecer. Eu achava aquilo muito estranho por não ter esse tipo de vivência com outros espíritos, que são sempre muito pontuais. Mas doutor Inácio sempre enviava alguém para me avisar sobre um novo horário e fui me acostumando com o seu "relógio", pois sei que ele é ocupadíssimo no Hospital Esperança.

À primeira vista, doutor Inácio parece ser muito duro, todavia sua companhia é suave e sua conduta muito afetiva. Ele é muito amoroso e chora mais do que possamos supor. Como se sensibiliza com facilidade!

Rogo a Jesus que as anotações claras e oportunas do doutor Inácio possam contribuir para nos aproximar ainda mais do Evangelho e dos ensinos lúcidos do espiritismo.

Wanderley Oliveira (Belo Horizonte, fevereiro de 2014).

Agora, é com muita alegria e humildade que entrego este livro, fruto de um convite do mundo espiritual. Fiz o melhor ao meu alcance, com o coração e com a consciência em paz. Eu aprendi e me diverti muito com a oportunidade do trabalho e com a companhia de doutor Inácio. Amo-o "de paixão".

1

Renovadores também precisam de divã

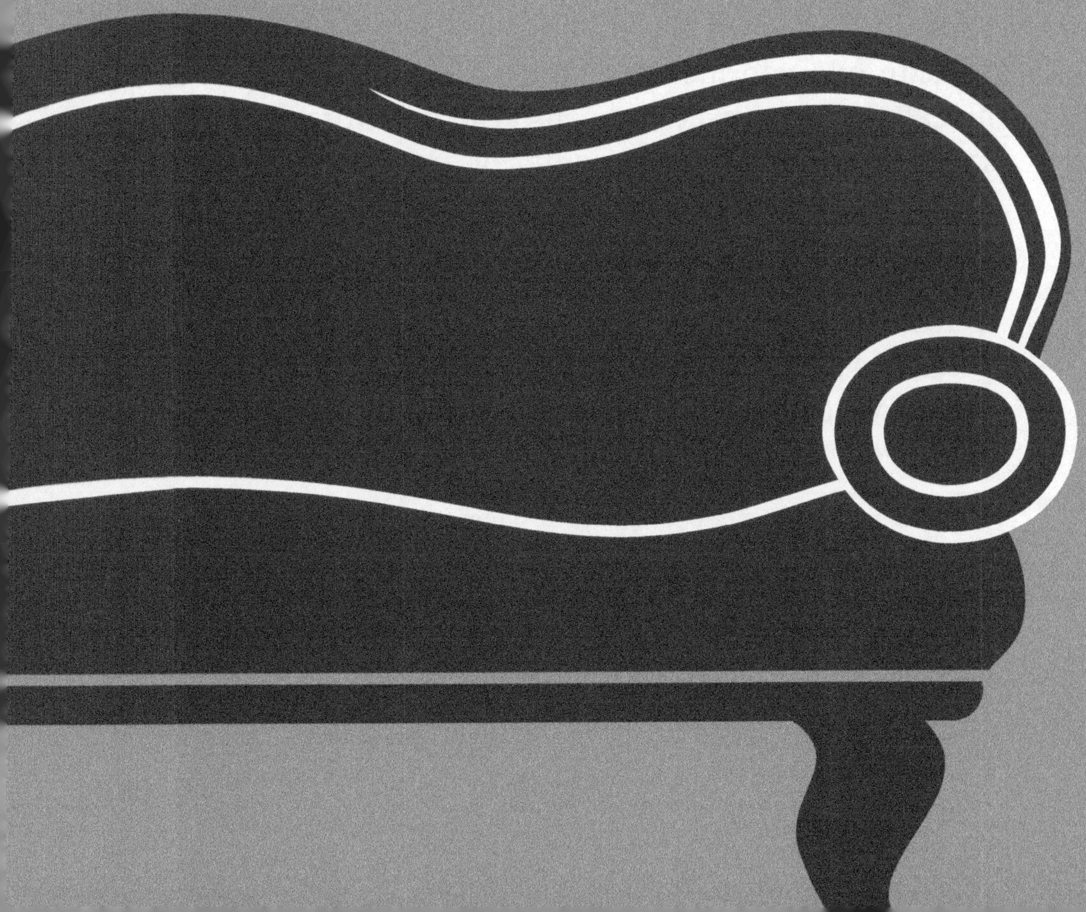

André, meu amigo, você vem fazendo a renovação mental. Em tais períodos, extremas dificuldades espirituais nos assaltam o coração. Lembre-se da meditação no Evangelho de Jesus. Sei que você experimenta intraduzível alegria ao contato da harmonia universal, após o abandono de suas criações caprichosas, mas reconheço que, ao lado das rosas do júbilo, defrontando os novos caminhos que se descerram para sua esperança, há espinhos de tédio nas margens das velhas estradas inferiores que você vai deixando para trás. Seu coração é uma taça iluminada aos raios do alvorecer divino, mas vazia dos sentimentos do mundo, que a encheram por séculos consecutivos.

André Luiz pela psicografia de Chico Xavier.
Os mensageiros, capítulo 01.

Era uma manhã como todas as outras aqui no Hospital Esperança.[1] Sonhei como nunca e acordei com um sentimento que não me era habitual. Tomava conta de minha alma uma sensação de elevação espiritual sem igual. Também pudera! Na noite anterior, tivemos mais um encontro com Chico Xavier.

Eu e um pequeno grupo composto por Odilon Fernandes, Antusa Ferreira, Rômulo Joviano, Domingas, Paulino Garcia, Zeca Machado, Maria Modesto Cravo, Manoel Roberto, dentre outros amigos dos primeiros tempos da doutrina em Minas Gerais, fomos encontrá-lo em desdobramento durante

1 O Hospital Esperança é uma obra de amor erguida por Eurípedes Barsanulfo no mundo espiritual. Seu objetivo é amparar os seguidores de Jesus que se deparam com aflições e culpas conscienciais após o desencarne. Informações mais detalhadas sobre o hospital podem ser encontradas no livro *Lírios de esperança*, de autoria espiritual de Ermance Dufaux e psicografia de Wanderley Oliveira, Editora Dufaux.

o sono. Ouvimos Chico pedir aos escritores espirituais mais amor para com todos, especialmente para com aqueles que são orientados pela Doutrina Espírita.

Não saía da minha recordação a palavra sábia e lúcida do benfeitor quando mencionou a conhecida advertência de Pedro: *Mas, sobretudo, tende ardente amor uns para com os outros, porque o amor cobrirá a multidão de pecados.*[2]

Ele nos pediu mais exemplos do que alertas. Com seu olhar profundo, entre várias reflexões muito oportunas, destacou a importância dos livros que temos enviado ao mundo físico por meio da psicografia e nos fez um apelo rico de ternura, rogando que os ensinamentos mediúnicos sejam salpicados com a docilidade do afeto, para tocar os corações mais abertos à renovação, e que nossas posturas falem mais do que nossas palavras. Ou seja, pediu-nos mais atitude, menos filosofia.

Depois de me aprontar para o dia, fui para os jardins do Hospital Esperança em estado de recolhimento, como se ainda estivesse naquele encontro com Chico. Quase sempre, faço o movimento contrário quando me encontro nesse estado reflexivo: saio para fora de mim e vou trabalhar, realizar o que posso por alguém em condições piores que as minhas. Naquele dia, porém, senti-me obrigado a parar por um instante.

Sentei-me em um dos bancos dos floridos jardins de Eurípedes[3] e senti que me alcançava um refrigério, um bem-estar. Logo

---

2 I Pedro 4:8.

3 Eurípedes Barsanulfo nasceu em Sacramento, em 1 de maio de 1880, e desencarnou também em Sacramento, em 1 de novembro de 1918. Foi, durante sua vida terrena, professor, jornalista e médium espírita brasileiro.

busquei a oração e a reflexão. Abri meu dispositivo eletrônico de leitura e consultei *Fonte viva*, um dos livros mais inspiradores da produção mediúnica de Chico Xavier enquanto encarnado. Ocasionalmente, o livro foi aberto na lição 159, cujo título é "Na presença do amor":

> *Aquele que ama a seu irmão está na luz e nele não há escândalo – I João 2:10.*
>
> *Quem ama o próximo sabe, acima de tudo, compreender. E quem compreende sabe livrar os olhos e ouvidos do venenoso visco do escândalo, a fim de ajudar, ao invés de acusar ou desservir. É necessário trazer o coração sob a luz da verdadeira fraternidade, para reconhecer que somos irmãos uns dos outros, filhos de um só Pai.*
>
> *Enquanto nos demoramos na escura fase do apego exclusivo a nós mesmos, encarceramo-nos no egoísmo e exigimos que os outros nos amem. Nesse passo infeliz, não sabemos querer senão a nós próprios, tomando os semelhantes por instrumentos de nossa satisfação.*
>
> *Mas, se realmente amamos os companheiros de caminho, a paisagem de vida se modifica, de vez que a claridade do amor nos banhará a visão.*
>
> *Ama, pois, e assim como a lama jamais ofende a luz, a ofensa não mais te alcançará.*
>
> *Saberás que a miséria é fruto da ignorância e auxiliarás a vítima do mal, nela encontrando o próprio irmão necessitado de apoio e entendimento.*
>
> *Aprenderás a ouvir sem revolta, ainda mesmo que o crime te procure os ouvidos, e cultivarás a ajuda ao*

adversário, ainda mesmo quando te vejas dilacerado, porque o perdão com esquecimento absoluto dos golpes recebidos surgirá espontâneo em teu espírito, assim como a tolerância aparece natural na fonte que acolhe no próprio seio as pedras que lhe atiram.

Ama e compreenderás.

Compreende e servirás sempre mais cada dia, porque então permanecerás sob a glória da luz, inacessível a qualquer incursão das trevas.

Com esse puxão de orelha de Emmanuel[4], comecei a pensar em algo que já vinha consumindo minhas reflexões ultimamente e que se intensificou com a fala do nosso benfeitor na palestra da noite anterior.

De uns tempos para cá, pensava comigo: "O meu papel como escritor tem ajudado muita gente, entretanto sinto que a minha veia de homem autêntico também desperta o meu lado mais difícil, um tanto agressivo.". Do lado de cá, no plano espiritual, algumas vezes beirei a irritação com o que via e ouvia no movimento espírita no plano físico. Bastava uma palavra mais forte e, da atitude autêntica, eu pulava para a rispidez, que não educa nem desperta.

Tem gente que acha que desencarnado não tem drama de consciência e ali estava eu, fazendo um exame de todas as minhas ações de trabalho realizadas até esse momento.

Eu mesmo sempre tive uma boa dose de "insanidade" em minha vida mental e, naquele momento, lá estava ela com

---

4 Emmanuel é o nome dado, pelo médium espírita brasileiro Chico Xavier, ao espírito a quem atribui a autoria de boa parte de suas obras psicografadas. Esse espírito era apontado por Chico Xavier como seu orientador espiritual.

tudo a me martirizar. Naquela situação, o impulso para as reflexões foi muito intenso: eu precisava pensar um pouco.

O versículo inspirador usado por Emmanuel ficou martelando em minha mente: *Aquele que ama a seu irmão está na luz e nele não há escândalo.*

Minhas ideias, direcionadas para os corajosos renovadores no movimento espírita, não alcançavam, em sua plenitude, os objetivos transformadores a que me propunha, pois os renovadores usavam-nas como bandeira de discórdia para desacatar os mais conservadores, engrossando ainda mais os conflitos, que já se acumulavam.

Completamente envolvido em meus pensamentos, fui despertado por uma fala suave:

— Jesus disse que seria necessário o escândalo.[5]

— Modesta?

— Estava em transe, Inácio? - brincou a minha querida irmã, assentando-se ao meu lado e passando a mão em minha cabeça da forma como se acaricia um filho.

— Não, Modesta, não é transe. Acho que estou ficando gagá e de coração mole depois da fala do Chico.

— Ah, isso você já era no mundo físico - brincou novamente.

— Nisso você tem razão! Acho, então, que estou aqui com coisa pior do que senilidade.

— O que foi, Inácio?

5 Lucas 17:1.

— Continuo com um certo incômodo. As palavras de ontem mexeram com mais profundidade em meu estado íntimo.

— Qual é o drama?

— Minha coragem está provocando escândalos demais.

— Como lhe disse, Jesus afirmou que eles precisariam surgir.

— Mas disse também que "Ai daquele por quem ele venha.".

— Você está se achando motivo de escândalo?

— Estou. Parece que, ao me expressar com demasiada clareza e sem rodeios, muitas pessoas entendem que estou oferecendo munição para as trincheiras da discórdia que existem entre renovadores e conservadores. Não me arrependo das minhas ideias. É o que estão fazendo com elas que me preocupa e me impulsiona a fazer algo para chamar a atenção para esse fato.

— Não são todos que agem assim, Inácio. Já te falamos isso outras vezes.

— Tenho recebido notícias falando de tristes acontecimentos na seara e gostaria de escrever algo que jogasse uma luz de amor sobre isso.

— Sinceramente, estou te estranhando.

— Até eu estou me estranhando, Modesta. Estou ficando muito emotivo. É isso que dá conviver com Chico Xavier – brinquei, fazendo uma careta. – Ontem, quando ele pediu mais amor aos escritores espirituais, foi para mim que ele lançou o primeiro olhar. E um olhar de Chico "gruda". (*risos*)

— Temos fases assim, Inácio. Por mais corajosos que sejamos, sempre aparece uma dúvida ou outra. E o próprio Chico, você sabe...

— Sim, eu sei. Chico pede amor, pois ele mesmo nunca se acovardou. Poucos conheceram sua têmpera de determinação e coragem por trás de sua amorosidade. Ele nunca foi um homem fraco! Talvez eu esteja mesmo é cansado de mim! Acho que estou querendo ser anjo. Talvez dê mais certo.

— Você já é um anjo para os renovadores e corajosos como você. Recorde-se do parecer de Eurípedes a respeito de seu trabalho. Você já sabe qual é. Já ouviu dele inúmeras vezes que alguém tem de fazer o que você faz. Existe o cirurgião, que corta com coragem o tecido para operar, o enfermeiro, que limpa, e o auxiliar, que prepara as ferramentas. Aqui não é diferente, pois cada qual dá o quinhão que pode no serviço que é do Cristo.

— Estou com um sentimento de que preciso fazer um alerta sobre as posturas dos renovadores.

— Isso não deixa de ser bom. Por que não envia outro livro chamando-lhes a atenção?

— Meus projetos já em andamento não comportam tal propósito por agora. Não posso mudar a programação. Tenho compromissos com Chico Xavier, sua obra e o Evangelho, e tenho falado sobre isso nos textos. Quem não percebe a importância do trabalho que estamos fazendo parece estar mais interessado em fogueiras do que em melhoria espiritual.

— Por que não procura um novo canal mediúnico? Um que tenha características que permitam sua mensagem fluir de acordo com suas intenções nesse momento?

— Onde? Quantos médiuns vão querer escrever com um espírito como eu? Qualquer médium que queira escrever comigo "vai pro céu". Isso não é tarefa fácil.

— Inácio, isso não é tão difícil quanto parece.

— Será que eu conseguiria me conectar com alguém que esteja de acordo com esses novos propósitos? Ser afetivo dá muito trabalho, prefiro ser direto e reto. Afeto é um caminho de curvas longas e cheias de sentimentos. Se eu achasse, por exemplo, um médium capaz de escrever poesias tal o seu grau de afetividade, até que gostaria, mas não estaria cumprindo com o que faço de melhor e com o que dou conta de fazer por agora.

— Bom para o seu aprendizado e o do próprio médium. Ambos terão que aprender um com o outro.

— Poesia não. Isso não! Médium poeta é demais para mim.

— Nem tanto. Eu também concordo. As pessoas que podem operar mudanças na comunidade espírita não veriam nessa didática um caminho estimulante. Eles são práticos como você.

— Eu preciso enviar uma mensagem aos que erguem a bandeira de um tempo novo para o movimento espírita. Os inovadores, se não tomarem cuidado, podem acabar fazendo remendo de pano novo em veste velha, como alertou Jesus.[6] Com ideias, informações novas e reflexões mais arrojadas, correm o risco de agir contra tudo o que vem sendo feito por se acharem mais preparados e adequados. É preciso que o pano novo represente atitudes novas, as quais não podem ser remendadas nas velhas posturas da soberba e da falsa convivência entre irmãos de ideal. Receio que minha forma determinada e entusiasmada de apresentar novas propostas possa estimular ainda mais o revanchismo, o deboche e o orgulho desmedido com relação aos novos conhecimentos que tenho transmitido.

— Sim, Inácio, você está coberto de razão. A riqueza das informações que têm sido enviadas ao mundo físico é uma responsabilidade para quem se torna detentor de tais conhecimentos. Conservadores e renovadores nada mais são que posições passageiras de quem cumpre, na verdade, funções e compromissos diferentes na enfermaria da comunidade espírita. Ambos, independentemente de tais posições, são almas que, como nós, carregam milênios de trevas a vencer. Cada qual com sua função diante do progresso.

— Ter informação ou conhecimento sobre o que tenho dito não torna ninguém melhor. Pelo contrário, saber tanta coisa nova não isenta o espírito da presunção intelectual, e esse é o alvo das minhas preocupações nesse momento. A ciência incha o ego e, se os trabalhadores de

6 Mateus 9:16.

hoje usarem as ideias inovadoras apenas para destaque pessoal, nada mais farão que repetir as infelizes e desgastadas posturas dos que engessaram o pensamento e as práticas espíritas. Precisamos de pessoas corajosas, afetivas e verdadeiras, que desenvolvam a gentileza, o espírito de perdão, o bom humor e o sorriso nos lábios. O tempo, com o apoio da ciência, vai reconhecer o valor dessa nova postura.

— Conservadores e renovadores: de que mais o movimento espírita precisa, Inácio?

— Conservadores cumprem a tarefa de orientar o caminho pela estrada pavimentada. Renovadores cumprem a tarefa de mostrar outros caminhos que levam ao mesmo lugar.

Conservadores preferem a estrada pavimentada, orientada por placas sinalizadoras, referências e padrões coletivos que oferecem mais segurança. Renovadores adaptam-se melhor às trilhas alternativas, com novos desafios e experiências que ampliam as formas de caminhar e vencer obstáculos.

Conservadores são mais cautelosos, embora corram mais risco de enrijecer a viagem da experimentação, limitando o entendimento a preceitos irrefutáveis. Renovadores são mais ousados e correm maior risco de atropelar a capacidade de aprendizado com revelações surpreendentes, porém nem sempre claras ao entendimento, ou ainda de adotar a soberba de possuir a última novidade sobre o mundo espiritual.

Se os conservadores desmerecerem o valor dos renovadores, rotulando-lhes de adversários da causa espírita, provarão sua incapacidade de conviver com a diversidade e de entender as mudanças que estão acontecendo na forma de pensar e praticar o espiritismo.

Se os renovadores desprezarem a importância das iniciativas dos conservadores, julgando-lhes atrasados em relação ao ideal, estarão ignorando o importante papel que a eles compete de zelar por uma base segura de entendimento a quem está dando os primeiros passos na doutrina, para que depois se ergam as paredes de mais amplas concepções.

Nesse embate entre conservadores e renovadores, o que é perigoso e injustificável são as represálias, as difamações, as formas envernizadas de desrespeito e exclusão, a oficialização do certo e do errado.

A comunidade espírita precisa dos dois, pois ambos cumprem funções progressistas. A despeito das características de cada um desses grupos, o que mais necessitamos na comunidade espírita é de respeito, acolhimento amoroso, fraternidade e autenticidade uns com os outros. É preciso ter consciência que, a nosso próprio modo, todos estamos colaborando para um futuro mais luminoso para a doutrina e para um planeta melhor.

Que haja mais carinho e bondade entre nós. Isso sim é que vai fazer alguma diferença em termos de avanço espiritual, e não a forma conservadora ou renovadora de entender e praticar o espiritismo.

Suas ideias, nesse contexto, Inácio, são como graxa para lubrificar o pensamento.

— É, mas tem gente as usando como fuzis para emboscadas intelectuais. Da mesma forma que alguns usam as obras de Chico e de Kardec como se fossem selo de garantia de um modelo de ser espírita e de estadia segura no além-túmulo, outros usam as obras inovadoras como se fossem um novo selo que assegura uma certeza doentia a respeito de certos conteúdos, os quais sustentam um estado emocional de grandeza espiritual sem a necessidade do desenvolvimento de novas posturas.

— Estamos usando o conhecimento de forma incorreta há muito tempo, Inácio. Não queira mudar esse quadro do dia para a noite.

— É verdade! Adoramos a postura de doutores da lei. Antes era a Lei dos Profetas, agora são as obras de Kardec.

— Por isso Chico nos chamou a atenção no encontro de ontem. Lembra-se do que ele disse? A maioria dos que reencarnaram como espíritas nos primeiros tempos do espiritismo no Brasil ainda é formada por espíritos com grandes quedas no campo da aplicação da inteligência, sendo esta uma situação muito difícil de ser recuperada diante da consciência.

— Sim, eu me recordo. Isso está aqui na minha memória. Vejo o Chico com a boca toda iluminada e falando sobre isso o tempo todo, desde ontem. Ele disse também que levantar do tombo da inteligência é mais difícil, porque este necessariamente não gera um sofrimento, enquanto o tombo do coração gera, na própria dor, o estímulo para avançar. Por isso, sempre acreditei que a inteligência sem os recursos desenvolvidos por meio da dor está mais próxima da insanidade.

— Por essa razão, faz-se urgente e necessária uma educação emocional entre os espíritas. Trazer o Evangelho para o coração demanda um autoconhecimento focado em sentimentos.

— Sem dúvida, Modesta. Parece-me, inclusive, que os espíritas estão precisando mais de um divã do que da tribuna ou de livros renovadores.

— Precisamos todos do amor, Inácio. Não foi o que relembramos ontem com Chico?

— Amarmo-nos primeiro e, em seguida, nos instruirmos, conforme a assertiva de *O evangelho segundo o espiritismo.*[7]

— Cada qual vai absorver o tanto de conhecimento que pode e do jeito que lhe é possível. Não temos controle sobre isso. Junto com a clareza de seus textos, incentive mais o amor entre os irmãos da seara espírita.

— Já faço isso, mas eles estão preferindo as partes apimentadas, adicionando, ainda, a interpretação que lhes é própria.

— Foi sempre assim, Inácio. E, de mais a mais, um livro quando escrito e entregue ao público é uma concessão de direito para que o leitor faça o que melhor lhe aprouver com as ideias nele contidas.

---

7 *O evangelho segundo o espiritismo, capítulo 6, item 5, de Allan Kardec, Editora FEB.*

— Bom, se não me resta alternativa, me conforta saber que, se eu for para o "inferno" por causa das minhas ideias, vai muita gente junto comigo, inclusive você, Modesta! (*risos*)

— Irei com prazer. Aliás, acho que lá, por enquanto, é mesmo o nosso lugar.

— Só você mesma para dizer isso! - falei, bem mais aliviado daquele estado de loucura passageira.

— Tenho que ir agora Inácio, mas fique com mais essa reflexão para seus novos objetivos na escrita mediúnica: Jesus precisa de gente para entrar nos templos e derribar as mesas, conforme diz a passagem do Evangelho.[8] Vire as mesas, Inácio! Vire as mesas com amor!

A conversa com Modesta me deu ânimo e esperança. Passei a nutrir melhor disposição de enviar ao mundo físico um alerta claro e firme, especialmente aos que cultivam a posição de renovadores do pensamento espírita.

Mesmo antes, já havia lhes chamado a atenção para a postura de cuidados evangélicos com a atitude. Entretanto, via-me agora comprometido a escrever algo que os colocasse, com ênfase ainda maior, diante de suas consciências e de seus sentimentos cristãos.

Minha abordagem teria como tônica a seguinte argumentação: se aqui, no plano espiritual, eu procuro o meu divã constantemente, por que aqueles que estão no mundo físico não fariam o mesmo? Os renovadores são indispensáveis, mas precisam, sim, de um divã, pois coragem e inovação não podem encontrar nos velhos artifícios do

8 João 2:15.

religiosismo os caminhos para uma efetiva melhoria em favor do pensamento e da ação transformadora.

Para que tanta loucura, se hoje temos tratamentos especializados para melhorar a mente e o coração?

O centro espírita consola e esclarece, no entanto precisa ainda disponibilizar métodos e recursos para as pessoas dispostas a mudanças. Estes serão o suprimento indispensável que dará a essas pessoas suporte para novos voos, a fim de que elas possam se sustentar no aprendizado a que se lançam.

Ter uma nova forma de p ensar o espiritismo e a mensagem evangélica e não desenvolver, aplicar e apresentar atitudes que expressem a força e a eficácia dessa inovação no pensamento espírita não passa de remendo de pano novo em veste velha.

Escrever e pensar da forma que já fazia não era bem o meu drama interior. Por isso, adicionei o versículo inspirativo usado por Emmanuel para ser meu roteiro de luz. *Aquele que ama a seu irmão está na luz e nele não há escândalo.*

Resolvi então escrever sobre a queda consciencial de um conservador para convocar os inovadores a dilatarem sua capacidade de amor e respeito. Esse seria um alerta aos pensadores corajosos que estão servindo como instrumentos de renovação e arejamento das ideias espíritas, para que construam também atitudes novas e mais afinadas com o propósito do Evangelho do Cristo.

Apesar de compreender que as pessoas no plano físico tenham em mim um exemplo, pelo fato de eu escrever sobre a doutrina espírita, essa ideia não me agrada. Ainda carrego uma sinceridade que pesa e uma autenticidade que fere. Apenas estou desencarnado e tive a chance de relatar o que vejo, como entendo as nuances do espírito e o que sinto. Vocês, que me leem e estão sintonizados com o que eu digo, ainda têm a possibilidade de abrir os olhos, pois estão encarnados e com chances enormes de fazer diferente e melhor que o doutor Inácio, esse velho chato, ranzinza e língua solta.

Aproveitem as revelações dos meus textos nesse livro, discutam-nas, estudem-nas e, quanto à parte moral, submetam tudo ao Evangelho de Jesus. O que não estiver no eixo com a mensagem do amor, dentro da concepção de cada um, esqueçam.

Tentaria enviar uma nova obra com foco específico, sugerindo que os renovadores tenham atitudes mais harmônicas, já que tem muita gente acreditando que renovar é destacar os defeitos uns dos outros, diminuir o valor da tarefa alheia, enquanto renovar, na realidade, é criar polos de atração com base em pensamentos e ações que agregam, educam e fazem as pessoas se sentirem mais próximas dos ensinamentos de Jesus. Ninguém renova com o poder de estratégias de convencimento intelectual. Ideias não bastam mais. Renovadores autênticos precisam apresentar iniciativas a respeito da mensagem do amor e do perdão, da caridade e do bem, as quais conquistem as pessoas.

Levantei-me daquele banco nos jardins e a única expressão que bailava em minha mente era a última frase de Modesta: "Vire as mesas, Inácio! Vire as mesas com amor!".

2

Autoconhecimento e desapego dos rótulos religiosos

No plano físico, muitos de nós supúnhamos que a morte seria o ponto-final aos nossos problemas, enquanto outros muitos se acreditavam privilegiados da Infinita Bondade por haverem abraçado atitudes de superfície nos templos religiosos.

A viagem do sepulcro, no entanto, ensinou-nos uma lição grande e nova – a de que nos achamos indissoluvelmente ligados às nossas próprias obras.

André Luiz pela psicografia de Chico Xavier.

Ação e reação, capítulo 02.

No dia seguinte, cheguei muito cedo ao Hospital Esperança para a tarefa de rotina. O dia clareava.

Há quem acredite que as coisas por aqui são muito diferentes em relação ao mundo físico, mas não são. Por aqui também temos emprego, salário, cartão de ponto, política administrativa, demissão e dor de cabeça. Eh, gente, temos mesmo é que rir! Nada de reclamar e querer um "céu" diferente!

Trabalho e disciplina são instrumentos de crescimento para almas em aprendizado como nós. Não tem como fugir. Trabalhar, aprender e servir são ações que nos levam à cura espiritual.

Não é para desanimar ninguém que conto essas coisas, é para desmistificar. Existe muita idealização a respeito do que acontece aqui no mundo espiritual.

Muitas vezes me senti em dúvida e ouvi de outras pessoas o mesmo questionamento: "Estamos na vida carnal ou fora dela?". Existem momentos nos quais parece que nada mudou. Tem hora que, sinceramente, tenho a sensação de que não desencarnei, de tão próxima e semelhante é a situação entre o que acontece no plano físico e aqui. O azul aqui continua sendo azul, o rosa continua sendo rosa. Dor disso, dor daquilo. Deixe-me contar só mais uma coisa, senão vou acabar fugindo do tema e falando demais, além dos propósitos de meus benfeitores: aqui, temos que tomar banho, escovar os dentes e realizar outros cuidados também, viu?

Apesar de muito cedo, já havia me alimentado. Durmo pouco, mesmo já tendo melhorado. Melhorei porque não tomo mais benzodiazepínicos para dormir nem preciso mais do cigarro para me acalmar. Para quem não sabe o que é benzodiazepínicos, vou logo dizendo: não tem nada a ver com benzer. É benzo. São tranquilizantes, ansiolíticos para acalmar os nervos. Tive que tomar muitos enquanto estava encarnado. Eu mesmo me receitava.

A partir de 1930, quando os barbitúricos estavam em alta, muitas pessoas procuravam psiquiatras em busca desses medicamentos, ora como sedativos, ora como controladores da emoção. A minha diva predileta, Marilyn Monroe, linda e maravilhosa, tomou barbitúricos demais. Era um dos meus sonhos depois da morte encontrá-la por aqui. Para minha decepção, ela já voltou e está na vida física. Nem tão bela como antes, mas com a voz dos anjos.

Bom, voltemos ao que interessa!

Naquela manhã, aguardava-me a tarefa de consultas nas alas do subsolo. Casos previamente indicados para tratamento psiquiátrico eram examinados semanalmente, tal qual eu fazia nas consultas do mundo físico, só que aqui eram consultas pequenas de, no máximo, quinze minutos. Aqueles eram momentos de muito aprendizado para um ser humano tão limitado quanto eu e, além disso, uma tarefa que, com toda a sinceridade, me exigia muita paciência, algo em que ainda não sou dos melhores. A maioria de meus pacientes era espírita, e os demais médicos do hospital preferiam que o atendimento a espíritas fosse realizado por mim, sob a alegação de que eu os conhecia melhor. Honestamente, acredito que eles não conseguiam tratá-los e por isso os encaminhavam para mim.

Não fossem minhas necessidades de aprendizado e crescimento, acredito que já teria abandonado essa atividade. Só continuava aquele exercício de persistência porque me via como o doente principal, aquele que mais precisava do remédio que indicava aos doentes que buscavam o meu auxílio.

Eurípedes Barsanulfo e Modesta, ao contrário, olhavam para minha postura de psiquiatra que falava sem rodeios como uma medicação na medida certa para os casos que me eram entregues. Diziam que eu tinha as palavras exatas para aqueles que me ouviam. Entretanto, muitas vezes, nem eu mesmo tinha facilidade em lidar com minhas orientações. Apesar de tudo que sentia, lá estava eu fazendo o meu trabalho do jeito que dava conta.

Já no consultório, Manoel Roberto, um dos enfermeiros, trouxe-me os prontuários. Não posso negar que senti uma indisposição ao ler os nomes de alguns pacientes agendados para aquele dia. Vendo minha expressão de desgosto, e sempre desejoso em me ajudar, perguntou o enfermeiro:

— Posso pedir ao Nicolau para entrar, doutor?

— Faça isso logo, Manoel, antes que eu desista de trabalhar hoje - respondi sem pensar, com o humor um pouco fora do prumo.

O paciente entrou. Um homem alto, magro, apresentando uma postura de quem se encontrava com elevadas doses de medicação, movimentando-se lenta e rigidamente. Seu rosto, muito triste, tinha aparência cadavérica, parecia de cera. Depois que se assentou, com muita educação me perguntou:

— Como vai o senhor, doutor Inácio?

Só nesse momento meu coração se aquietou por piedade daquela criatura, que mais parecia um "morto-vivo" e, mesmo assim, ainda se importava em saber como eu me encontrava. Nicolau era um dos poucos que conquistara minha simpatia nessa tarefa das consultas.

— Estou muito bem, Nicolau. E você, como passou a semana?

— Estou do mesmo jeito, doutor.

— Como do mesmo jeito?

— Sem entender.

— Sem entender... - tentei estimular a fala de Nicolau.

— Parece que pessoas que não tiveram religião estão melhores do que eu, doutor.

— E por que você está fazendo essa comparação? - perguntei com genuína curiosidade, considerando que, nas últimas quatro semanas de consulta, ele apenas repetia as mesmas perguntas filosóficas e empoladas envolvendo o espiritismo.

— Por causa da irmã Valéria, a enfermeira chefe da ala dos espíritas, que cuida de nós no turno da manhã.

— E o que tem a irmã Valéria?

— Aconteceram duas situações que mexeram muito comigo, doutor.

— Quais foram?

— A primeira é com relação às vestes da própria irmã. Nas últimas semanas, toda vez que a via vestida com aquele hábito católico e sempre tão sorridente, tinha uma enorme revolta. Não suportava a ideia de que, sendo um espírita com tanta experiência, eu fosse tratado por uma freira. Sempre tive enorme aversão a padres e freiras. Até que, nessa semana, após me dar os remédios da manhã, ela me disse que tinha uma carta de meus filhos para mim. Eles foram trazidos aqui no hospital durante o desdobramento pelo sono e escreveram, cada um dos três, um trecho da carta. Irmã Valéria leu a correspondência com muita emoção para mim, junto ao meu leito, e com a maior paciência.

— E...

— E ouvindo as palavras de meus filhos por meio da voz melodiosa de irmã Valéria, pela primeira vez, desde que cheguei aqui ao mundo espiritual, acho que senti Jesus perto de mim, e isso mexeu muito com meu coração.

— E qual foi a outra situação?

— Dois dias depois desse episódio, senti-me tão bem que fui passear no jardim. Para minha surpresa, mais uma vez lá estava a irmã Valéria, colocando o lixo na lixeira, varrendo o passeio dos jardins e catando folhas secas caídas no chão. Fiquei olhando de longe e minha curiosidade foi tão grande que resolvi perguntá-la qual era o cargo dela na ala onde estou internado. Com muita simplicidade, ela me informou que responde por toda aquela ala há mais de vinte anos. Minha mente deu um nó. Ver a simplicidade da irmã e saber de sua grandeza espiritual foi demais para mim.

— E por que você se sentiu assim?

— É isso que não consigo entender, doutor Inácio. O senhor pode me ajudar?

— Creio que posso. Você está tendo um choque de autoconhecimento.

— Como é isso?

— Você saberia dar nome ao que sentiu ao vê-la naquela ocasião?

— Sei lá, doutor, acho que me senti envergonhado, talvez até humilhado.

— Humilhado?

— Sim, porque, no mundo físico, fui aquele escritor espírita de renome, paparicado, de agenda lotada de palestras e até com fama. E, ao chegar aqui, sou um doente insano e cuidado por gente de outra religião, a qual eu mesmo desprezei durante toda a minha vida.

— Apesar de humilhado, isso foi bom para você?

— Doutor, nem sei como lhe responder. Estou tão confuso, apesar de ter me sentido melhor depois da carta.

— Eu vou diminuir sua medicação para a próxima quinzena. Estou registrando aqui para te reavaliar em quinze dias. Siga minha sugestão: aproxime-se mais de irmã Valéria.

— Só isso, doutor?

— Já é muito por hoje. Vá com Deus!

— O senhor também, fique com Ele, doutor.

Eu sabia que essa era uma etapa importante do tratamento de Nicolau, mas, pelo menos por enquanto, eu não tinha muito o que fazer. Choque de autoconhecimento é um sintoma de que as máscaras vão cair a qualquer momento. Depois disso, vem uma fase crítica que exige cuidados especiais em outra ala, com iniciativas mais educativas.

Aquela ala sob os cuidados de irmã Valéria continha pacientes em estados muito desesperadores, recém-desencarnados e mesmo casos de pessoas que já estavam há um bom tempo internadas e, ainda assim, distantes desses choques de renovação espiritual. Todos muito relutantes em se autoconhecer e assumir suas responsabilidades.

Assim que fiz minhas anotações de rotina, solicitei a Manoel Roberto que fizesse entrar o próximo paciente.

3

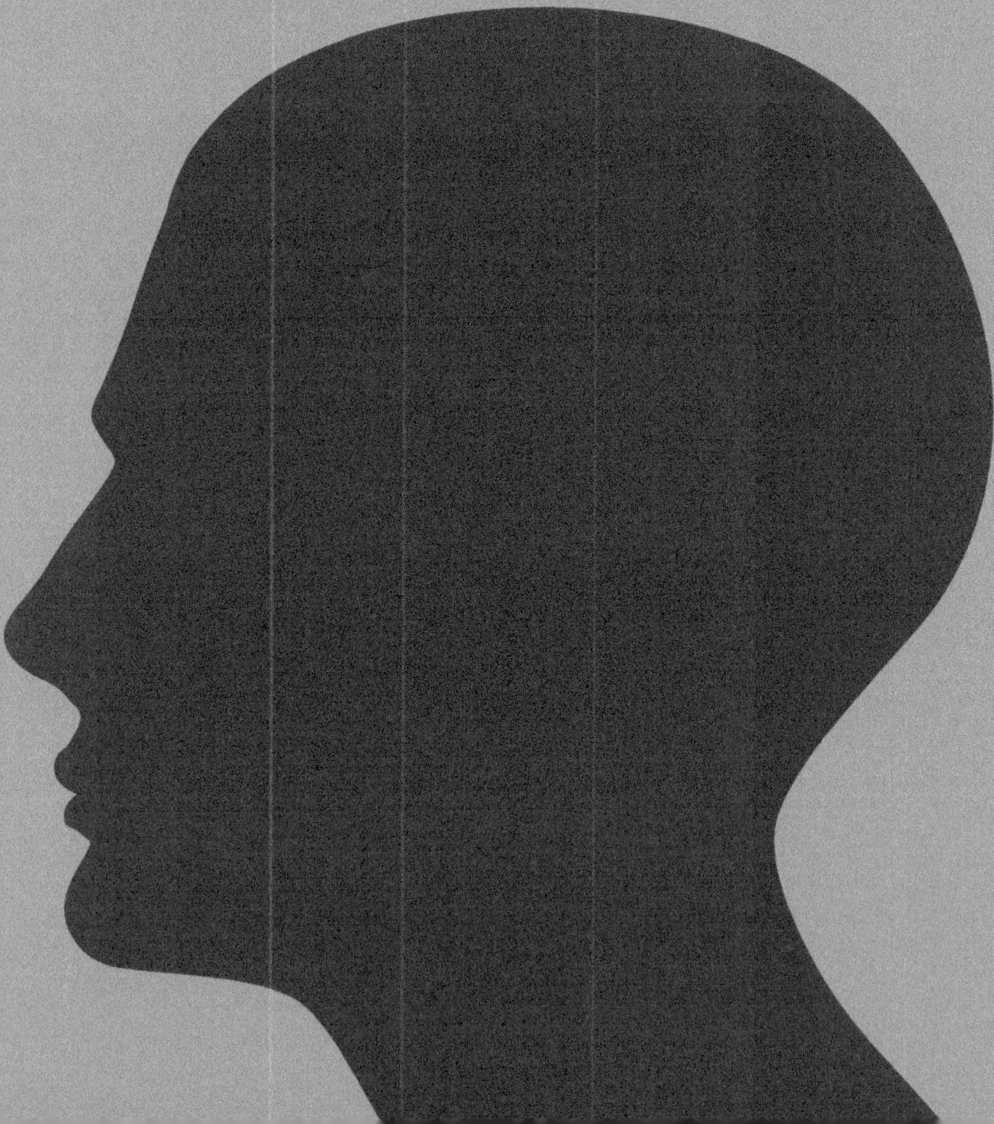

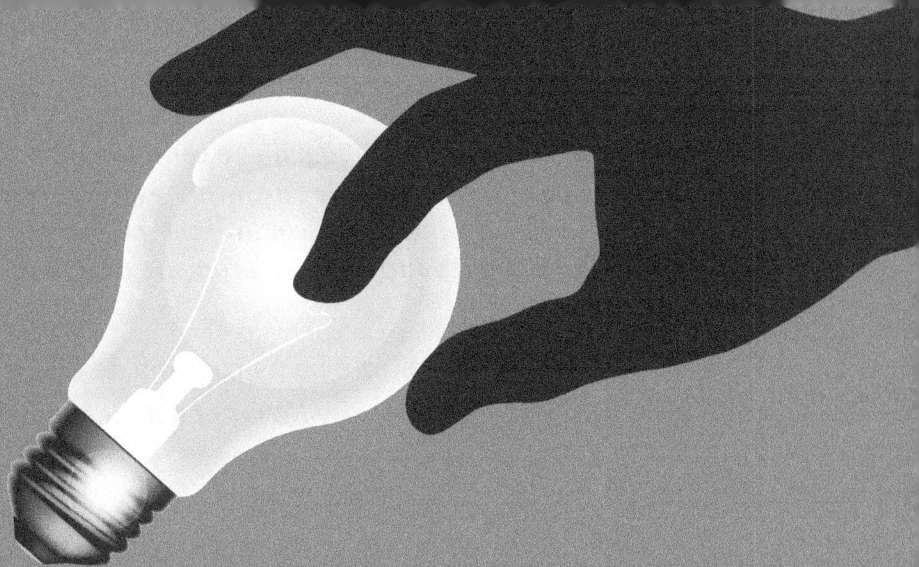

Lições com a mágoa

Antes de mais nada, André, modifiquemos o conceito. Para transformar-nos em legítimos elementos de auxílio aos espíritos sofredores, desencarnados ou não, é-nos imprescindível compreender a perversidade como loucura, a revolta como ignorância e o desespero como enfermidade.

André Luiz pela psicografia de Chico Xavier.
No mundo maior, capítulo 03.

— Bom dia, doutor.

— Bom dia, meu caro Farias. E, então, como vão as coisas?

— Doutor Inácio, sinceramente, acho que estou cada vez mais revoltado, inconformado.

— Por qual razão?

— Sabe como eu me sinto?

— Como?

— Fico, assim, me perguntando de que valeu tanto espiritismo na vida para chegar aqui no mundo espiritual desse jeito.

— De que jeito?

— Não consigo esquecer os fatos.

— Quais?

— O senhor sabe.

— Sei, mas quem tem que falar sobre eles é você. Será terapêutico colocar para fora.

— Não consigo perdoar o mal que os "irmãos espíritas" – e falou essa expressão com ironia e raiva no olhar – me fizeram. Que fraternidade é essa que é costurada com falsidades e interesse pessoal? Uma doutrina que fala de amor... e o que eles fizeram? Uma manobra política para me tirar do cargo da federação. São passadas mais de duas décadas, sem contar o tempo que estou aqui como desencarnado, e é como se eu tivesse vivido o resto da minha reencarnação para tentar consertar os danos causados por essa maldita manobra. E o que aconteceu? Adoeci. Adoeci na alma, enfermando meu corpo. E o pior, acho que continuo, aqui, tão doente quanto na vida do corpo físico. Sendo muito sincero com o senhor, doutor, parece que eu deixei de existir por culpa dessa revolta. Não consigo tirá-la do coração. Estou me sentindo sem vontade de viver, como me aconteceu nos últimos anos no corpo físico. Acho mesmo que sou um suicida, porque queria morrer logo, supondo que assim ficaria livre dessa revolta e melhoraria. E olhe como estou!

— Como você está?

— Morto por fora e por dentro. Desanimado, inclusive, com o tratamento psiquiátrico que estou fazendo aqui.

— Por que desanimado?

— Não vejo melhoras. Quero me libertar desse peso. Parece que tenho o câncer até hoje.

— Engano seu, Farias. Você está tendo melhoras consideráveis. Já consegue dormir, consegue participar dos serviços de limpeza em sua ala, consegue se expor aqui na terapia. Lembra-se de como chegou aqui?

— Lembro sim. Um lixo, nem abrir a boca eu queria. Cheguei aqui arrasado e perturbado.

— Pois então. A recuperação é gradativa. Quando sua estrutura emocional estiver mais sólida, você será encaminhado ao Departamento de Educação do hospital. Vai enfrentar uma fila para se matricular nos cursos de cura emocional. Lá, você vai encontrar seu verdadeiro remédio.

— Nossa, doutor, sei que nem deveria reclamar, mas mais fila do lado de cá?

— Às vezes, elas são maiores que as do mundo físico.

— Que desânimo! Desânimo com tudo. De vez em quando, acordo no meio da noite com pesadelos horríveis com os tais "irmãos espíritas" e entro em crises de raiva profunda. Sou obrigado a ir ao posto e a pedir sedativo, porque, senão, eu esmurro as paredes até me machucar. Como podem ter sido tão desrespeitosos com um presidente de federação como eu?

— Para você, o que significa ser um presidente de federação, meu caro?

— Uma enorme e importante missão.

— E como você se via diante dessa enorme e importante missão?

— Como uma pessoa chamada pelo Mais Alto para desempenhá-la.

— Explique mais.

— Doutor, ninguém recebe um cargo desse sem ter uma missão muito elevada.

— E que missão elevada seria essa?

— Unir os espíritas. Colocar no coração dos espíritas a legítima fraternidade e orientá-los para a verdade.

— E você ainda acredita nisso?

— Completamente, doutor Inácio.

— E o senhor acha mesmo que alguém pode mudar os sentimentos dos outros e levar alguém à verdade?

— Claro que sim. Não é essa a missão dos verdadeiros espíritas?

— Meu amigo, é por causa de ilusões tão soberbas quanto essas que a dor está matando muitos espíritas.

— O senhor vê algo errado nessa forma de pensar?

— Errado não seria bem o termo. Eu vejo a loucura na mente de quem ainda acredita nisso, meu caro. Nós não estamos conseguindo colocar sentimentos de união e fraternidade nem dentro de nós mesmos, não conseguimos viver conforme a verdade e queremos colocar isso na alma dos outros. Balela! Ilusão de prepotentes! É por isso que a dor da mágoa vem como uma lâmina cortando o coração dos iludidos – como aconteceu com você –, para que acordem para a verdadeira missão, que é, em síntese, dar conta de nós mesmos.

— O senhor está sendo muito amargo.

— Realista! Isso é o que sou. Se você tivesse alguém assim para te abrir os olhos no mundo físico, com certeza ainda estaria na matéria, sem mágoas e realizando sua caminhada de progresso, sem essa dor que te consome.

— O senhor me desanima com essa forma de falar.

— Eu tento te auxiliar nessa cirurgia da desilusão.

— Desilusão de que, doutor? Acaso errei em algum aspecto? Fui bom, honesto, sincero, queria o bem de todos, tentei unir toda a diretoria em torno de um único sentimento. Não é uma tarefa fácil!

— Você tem razão, não é uma tarefa fácil. É uma tarefa impossível, criatura! É isso que você ainda não enxergou. Mas eu vou lhe dar umas dicas a respeito do que você vai aprender em seus cursos de aprimoramento emocional aqui no hospital, meu caro Farias.

— Faça-me essa caridade.

— Um dos maiores equívocos da relação humana, seja na comunidade espírita, seja na família ou em que grupo for, é querer colocar sentimentos dentro do outro quando ele não quer ou não está maduro o suficiente para experimentá-los. Essa ilusão vem junto com a de que podemos mudar as pessoas que estão à nossa volta. As pessoas são como são e, se não quiserem ou não estiverem prontas para aderir a uma nova postura diante da vida, pode esquecer.

O ideal espírita é individual. A unificação é um processo individual. Desejar a unanimidade ou uniformidade na forma de sentir e pensar é uma velha armadilha do egoísmo humano que não nos permite respeitar as diferenças e estabelecer uma relação realista, com o pé no chão; uma relação na qual ninguém assume o compromisso de mudar os outros. A união dos espíritas, no formato em que culturalmente foi construída, é uma mentira que arranca muitos sorrisos dos adversários da causa, porque faz com que muitos inocentes, sem desejar, se tornem controladores e soberbos na forma de agir em nome da bandeira da união e da fraternidade.

Você foi, sim, como muitos, um homem de coração bom e bem intencionado; todavia, foi também ingênuo. Focou seu ideal em coisas impossíveis. A experiência dolorosa que você viveu, assim como a que muitos estão vivendo, serve para tirar essas escamas de ilusão a respeito do conceito frágil e manipulador de união que foi espalhado entre os espíritas. Esse conceito em torno de uma mesma forma de pensar, fazer, sentir e interpretar o espiritismo é uma porta larga para a mentira e para a obsessão coletiva.

O mundo caminha para a união na diversidade, algo que é incompreensível pelas lideranças espíritas que continuam na contramão do progresso e do bom senso, excluindo todos aqueles que alimentam ideias de bondade, de união mais ampla e verdadeira, construída fora dos regimes e modelos que, lamentavelmente, foram oficialmente preestabelecidos.

Você ainda não sabe, mas é chegado o instante de ser revelada a razão de toda essa manobra que tirou você da federação. Sua própria ingenuidade foi sua maior inimiga. Tudo começou por causa de seu apoio a um movimento de diálogo entre os espíritas e as demais religiões, especialmente pelo fato de você apoiar o médium umbandista pai Dalmo de Oxalá.

— O senhor está brincando comigo?

— Acha mesmo?

— Jamais vou acreditar em uma coisa dessas!

— Pois acredite. Foi esse o palito de fósforo que acendeu a fogueira da desunião e das intrigas de bastidor.

— Doutor, como pode uma coisa dessas? Nunca esse assunto sequer foi colocado em pauta para me explicar a razão de minha exoneração. Alegaram coisas menores, do dia a dia, relativas ao futuro da federação e...

— Eu sei, mas não é verdade. Foi tudo fruto da vaidade e da falsidade, como sempre.

— Isso aumenta ainda mais a minha dor, doutor Inácio. Posso saber como uma notícia dessas pode me ajudar? Por que o senhor está me contando isso agora?

— Para você cair na real, meu filho. Pare de se iludir e assuma o seu sentimento por eles.

— Que sentimento, doutor?

— O que você diria que sente pelos que te excluíram?

— Eu peço muito a Deus por eles, para que mudem o modo de sentir.

— Pois eu tenho uma má notícia para você.

— Qual?

— Nem Deus muda os sentimentos dos outros, meu caro Farias. Em verdade, você nem sabe o que sente pelas pessoas que você chama, com tanta ironia, de "irmãos espíritas".

— Doutor Inácio, essa conversa está me fazendo imenso mal. Juro!

— Por que você está fugindo? Assuma logo sua verdade e você vai ver como as coisas mudam.

— Que verdade?

— Fale logo, homem, sem escolher palavras. O que você sente pelas pessoas que te feriram?

— Eu sinto revolta. Não, revolta não... Deus me perdoe, eu sinto coisa pior. Eu sinto ódio, doutor – e, colocando as duas mãos na boca, insinuando um alto falante, Farias repetiu bem alto: – Ódio, ódio, ódio!

— Isso! Até que enfim, Farias! Assumir o que sente, olhar para esse sentimento e pedir orientação especializada é o primeiro de muitos passos para o perdão.

— Sinceramente, nem sei se quero perdoar, tamanha a minha raiva e meu remorso de tudo isso. O senhor tem mesmo certeza de que o problema foi por causa do pai Dalmo? Como descobriu isso?

— Falaremos sobre isso em outra hora, pois você não está nada bem agora. Vamos encerrar por hoje.

Realmente, Farias não se sentia bem após essa catarse emocional e evitei continuar a conversa. Contudo, esse importante passo foi o começo de sua recuperação. Olhar para si foi o gatilho para disparar uma transformação que ainda demandaria muita ajuda, orientação, apoio e acolhimento.

Vencer a dor da mágoa e superar a ilusão de ser uma vítima da vida é um desafio aceito por poucos. Vencer a carapaça do egoísmo e olhar para si com realismo é doloroso. Poucos pacientes internos aqui no Hospital Esperança têm o coração aberto para essa reavaliação e esse recomeço.

Era esse o caso do próximo paciente, chamado Marcondes, que logo ao entrar já foi dizendo:

— Bom dia, doutor Inácio! Como o senhor pode ver, hoje eu estou ótimo!

Nós não estamos conseguindo colocar sentimentos de união e fraternidade nem dentro de nós mesmos, não conseguimos viver conforme a verdade e queremos colocar isso na alma dos outros.

4

Religião e delírio de grandeza

Nosso orgulho neste mundo, apesar de inconsequente e vão, é por demais envolvente e excessivo. Não sabemos liberar a personalidade segregada no visco de nosso exagerado amor próprio. Em suma, aprisionamos o coração na escura fortaleza da vaidade e não sabemos ceder.

André Luiz pela psicografia de Chico Xavier.
Entre a terra e o céu, capítulo 35.

Meu Deus! – pensei em silêncio. – O maior desafio deste dia ainda está por vir. – E já fui logo falando:

— Não deu para perceber nada ainda, Marcondes. Vou precisar observar mais.

— Não mesmo? Eu vou mostrar ao senhor. Sabe o que descobri essa semana?

— O quê? Que você continua a existir?

— Não, doutor! Melhor que isso. Descobri para que eu existo e qual a razão de ter vindo para este hospital.

— Verdade?

— Nossa, o senhor nem imagina! – pelo seu tom de deboche e conhecendo o histórico de Marcondes, já imaginei o tamanho da insanidade que estava por vir.

— Diga o que descobriu.

— Eu descobri um texto no livro *Obras póstumas*[1], no qual Kardec garante que o espiritismo sem chefes não progredirá. Trouxe aqui para ler para o senhor, escute só:

1 *Obras póstumas*, 2ª parte, *Constituição do espiritismo*, de Allan Kardec, Editora FEB.

A necessidade de uma direção central superior, guarda vigilante da unidade progressiva e dos interesses gerais da doutrina, é tão evidente, que já causa inquietação o não ser visto, a surgir no horizonte, o seu condutor. Compreende-se que, sem uma autoridade moral, capaz de centralizar os trabalhos, os estudos e as observações, de dar a impulsão, de estimular os zelos, de defender os fracos, de sustentar os ânimos vacilantes, de ajudar com os conselhos da experiência, de fixar a opinião sobre os pontos incertos, o espiritismo correria o risco de caminhar ao léu. Não somente essa direção é necessária, como também preciso se faz que preencha condições de força e de estabilidade suficientes para afrontar as tempestades.

— Gostou, doutor Inácio?

— Maravilhoso o texto, mas qual a razão de tão grande entusiasmo?

— O senhor não entendeu?

— Claro que não!

— Doutor, isso é a prova que eu precisava para mostrar a vocês que aquilo que eu fiz, durante minha missão no movimento espírita, estava completamente em harmonia com a obra kardequiana.

— Mesmo?

— Sim, doutor.

— Entendo... – Quando uso essa expressão, na maioria das vezes, em verdade, não estou entendendo nada, mas estou processando o que acabei de ouvir. Como não entendi aonde ele queria chegar, continuei ouvindo.

— Eu quero que o senhor, mediante essa constatação, me autorize a voltar para as alas de estudo e também me permita ter acesso aos outros membros das alas de liderança religiosa espírita de onde fui retirado. Vou propor um congresso espírita aqui no hospital para esclarecer a importância de se continuar mantendo a hierarquia e o *status* em relação ao espiritismo aqui no mundo espiritual.

— Ah, o senhor quer isso! Um congresso!

— Imediatamente.

— Então, deixe-me apenas ampliar meu entendimento, Marcondes. Você traz um trecho de um livro de Kardec como se fosse um artigo do Código Civil ou uma lei em sua defesa e, com base nisso, quer fazer uma mudança de ala e ainda organizar um congresso?

— E o senhor acha inadequado o que estou pedindo?

— Inadequado não seria bem o termo... Eu diria totalmente insano.

— Vai começar, doutor? Da última vez, discutimos devido a essa sua mania de ironizar.

— Marcondes – falei com uma serenidade que não sei de onde tirei –, eu não sei o que é pior: eu com minha ironia ou você com seu delírio.

— Doutor Inácio, preste atenção, é Kardec quem está falando.

— Você continua como na vida que tinha no corpo físico, meu caro. Inflexível, carente de poder, com convicções absolutas, sem abertura à crítica e à verdade. Apaixonado por congressos e eventos com multidões, transformando a obra de Kardec em uma bíblia de conversão, em um instrumento a ser utilizado em defesa de seus interesses pessoais.

— Doutor, é Kardec! O senhor está vendo aqui, na minha mão. Eu não estou inventando nada.

— Meu irmão, tenha piedade de você, ao menos um pouco. Se continuar assim, nós não teremos nem mais onde te internar nesse hospital. Da ala em que você está só teremos a opção de te devolver para os ambientes sintonizados com sua triste realidade. Abra seus olhos, criatura!

— Doutor, o senhor é quem tem de ter piedade de mim. Eu provo que estava na direção certa quando assumi, no plano físico, a instituição que tem por missão centrar-se na condução do espiritismo e unir os espíritas, e o senhor me fala isso? Que provas mais vocês querem nesse hospital de que eu estava certo? Eu estou tentando conquistar a confiança de vocês e o que tenho recebido em troca?

— Marcondes, vamos direto ao ponto. O que você sente pelo Oswaldo, o famoso médium de cura que atua onde você morava?

— De novo essa pergunta? Outra vez o mesmo assunto?

— Sim, mas hoje vou acrescentar outras perguntas. Responda-me: o que sente pelo médium?

— Um charlatão que mistura espiritismo e práticas não espíritas. Um obsidiado.

— Eu não lhe perguntei o que você pensa sobre ele, e sim o que você sente por ele, Marcondes.

— Francamente, para mim é a mesma coisa.

— E o que você sente pelo senhor Artur, que fundou uma obra social em favor de crianças na mesma cidade em que você residia?

— Nossa, eu nem me lembrava dele. Onde o senhor foi com a memória? Puxa!

— O que sente por ele depois de passados tantos anos?

— Um incentivador da desunião, porque não permitiu a filiação de sua casa à nossa organização unificadora.

— Mais uma vez: eu não lhe perguntei o que você pensa, mas o que você sente.

— Nem imagino o que sinto por um homem desse. Acho que não sinto nada. Nem me lembrava dessa pessoa.

— Última chance, Marcondes. O que você sente pelo pai Romualdo, do centro umbandista de sua cidade de origem?

— Pai Romualdo? Nossa! O senhor andou consultando minha ficha aqui no hospital?

— Andei sim.

— Nem me lembrava desse... desse...

— Desse?

— Desse pai de santo! Atrasado e interesseiro.

— Atrasado?

— Sim, ele é umbandista.

— Então, para você, umbandista é atrasado.

— E não é? Podemos até considerar a umbanda como um degrau para o espiritismo, mas isso não tira dos umbandistas a condição de inferioridade em relação aos espíritas.

— Marcondes, será que você esqueceu por qual motivo saiu das alas de educação aqui no hospital?

— Por conta daquele terreiro de perturbados que vocês mantêm aqui.[2] Umbanda no mundo espiritual é demais para mim!

— Pois saiba que quem fundou o que você chama de "terreiro de perturbados" aqui no hospital foi o próprio Eurípedes Barsanulfo.

— Sinceramente, desconfio das razões que o levaram a isso, mas acredito mesmo que isso tenha sido uma manipulação política ou invenção de alguém.

— Se nós permitirmos que você retorne às alas educativas, o que você faria em relação a esse assunto do centro umbandista que existe aqui no hospital?

---

2 No Hospital Esperança, há uma tenda de umbanda, a qual foi apresentada por pai João de Angola em seu livro *Fala, preto-velho, psicografado por Wanderley Oliveira,* Editora Dufaux.

— No congresso, eu iria propor o esclarecimento dessas pessoas, que, mesmo depois de desencarnadas, continuam apegadas a práticas exóticas e de mau gosto, e solicitaria o fechamento imediato da entidade ou então...

— Ou...

— Que elas possam fundar seu terreiro em planos espirituais inferiores.

— Quer dizer que você questionaria a organização que Eurípedes Barsanulfo avalizou nesta casa de amor?

— Mas não é necessário existir isso aqui no mundo espiritual. Rituais sem utilidade e idolatria a pais de santo e orixás que não existem. No congresso, vou mostrar que o espiritismo veio para acabar com todos esses cultos exteriores.

— E, mais uma vez, em vez de falar o que sente, você julga, rotula e carimba de acordo com sua opinião. Essa é a sua insanidade, Marcondes. Ao me trazer uma referência da obra de Kardec, você se utiliza, como fazia quando reencarnado, da codificação como uma bíblia. Você põe Kardec na mente, mas crucifica Jesus no coração. Age como os velhos religiosos em disputas inglórias para determinar o que é verdade e o que é mentira. Você está precisando, como todos nós, meu filho, assimilar os ensinamentos de Jesus com o coração, porque encher a mente com os ensinamentos de Kardec sem aplicar a lei de amor que Jesus nos ensinou é caminho para a disputa e a loucura envernizada. Envernizada por cargos, chefes e idolatria.

Você, em verdade, está louco, Marcondes. A loucura, que você não assumiu no mundo físico, está tendo de ser tratada aqui e, mesmo assim, você está tão distante da cura, que parece não a desejar. Dói ver pessoas como você, que tiveram a oportunidade de reencarnarem no movimento espírita e, ainda assim, estão adornadas de conhecimento e vazias de sentimento nobre. Isso é loucura, Marcondes. Ao me trazer um texto tão belo e oportuno, você encontra nele uma peça de defesa e um instrumento de acusação, como se, ao vir fazer uma consulta comigo, estivesse diante de um advogado, oferecendo provas para um julgamento.

Um congresso sob sua orientação seria muito mais um tribunal.

Abra seus olhos, meu irmão. Sua interpretação não representa a verdade. Você age como se representasse Deus. Liberte-se dessa arrogância, dessa vontade de querer centralizar e controlar tudo, e procure serviço. Necessitamos de colaboradores na limpeza e na higiene do ambiente de sua ala. Essa é a receita que eu tenho para você.

A arrogância encontra força em sua mente cheia de informações e tomada pela soberba. Existem muitas pessoas afirmando trabalhar pelo espiritismo nessa condição: amam a causa e detestam quem não vive conforme seus padrões de entendimento. Isso é loucura!

O espiritismo no mundo físico caminha a passos largos. Uma geração de espíritas que adoeceram com a vontade de poder está agora desencarnando e, assim como você, essas pessoas cumpriram a tarefa que lhes competia ao longo da história. Mas quer saber a verdade? Será imprescindível e inadiável para todos reciclar seus conceitos e posturas. Sem essa mudança, o movimento espírita continuará sofrendo deturpações como esta que vejo aqui agora.

— O senhor está apelando como sempre, não é, doutor?

— Você não tem noção de como eu sou quando apelo de verdade, Marcondes. Estou até calmo demais para ouvir tanto falatório e delírio. Por enquanto, estou apenas te alertando, mas já começo a pensar em te devolver para os lugares sombrios de onde te tiramos.

— O senhor não é louco!

— Não, Marcondes, não sou. O louco aqui é você. E o pior é que você ainda não descobriu isso. Afinal, loucura é julgar e pensar sem saber o que se sente. E assim é você.

— Se o senhor quer saber a verdade, eu sinto algo sim pelo Oswaldo, pelo Artur e pelo Romualdo.

— E o que sente?

— Asco, repugnância e nojo.

— Chega, Marcondes! Já estou cansado de tanta discussão. Volte para sua ala. Eu também tenho meus limites.

— Não era essa sua pergunta? Eu a respondi honestamente e o senhor me manda embora? O senhor é muito mal-educado para um médico.

— Cada doente aqui tem o remédio e o médico que merece – falei com uma vontade de fazer algo que não vale a pena nem mencionar.

— E o que vai ser da nossa consulta?

— Você vai saber logo. Volte para sua ala antes que eu me arrependa e diga algo que não devo.

Confesso que perdi a calma e, não conseguindo me controlar, fui ríspido com ele. Sempre o examinei como um *boderline*, isto é, aquela pessoa em uma linha de perigo para a insanidade. Vivo esse grande desafio pessoal de colocar um limite útil entre meu humor, minha sinceridade e minha língua. Marcondes conseguia a façanha, com o meu consentimento, é claro, de me fazer ingerir o veneno da irritação. O humor foi embora, a sinceridade sobrou e a língua foi a única coisa que consegui segurar.

Sei que muitos não vão acreditar, mas Marcondes foi um grande líder do movimento espírita no Brasil. Um líder com grandes qualidades e valores. Entretanto, seu coração se atolou na vertigem de acreditar no espiritismo hierarquizado e na importância de sua participação nesse contexto. Hierarquia, diga-se de passagem, é bem-vinda quando tem a finalidade de organizar para melhor servir. Infelizmente, raras organizações se estruturam com esse propósito e com fins enobrecedores em conformidade com os objetivos evangélicos.

Depois que Marcondes saiu do consultório, Manoel Roberto entrou preocupado e me disse:

— Doutor, o Marcondes saiu espumando e dando socos na parede. Nunca o vi tão descontrolado!

— Descontrolado estou eu, Manoel, e também com vontade de socar qualquer coisa, mas não vou fazer isso em favor do meu fígado e em respeito ao meus pulmões tão frágeis.

— O senhor quer fazer alguma orientação a respeito do caso de Marcondes para os enfermeiros da ala?

— Recomende que ele seja observado pelo restante do dia. Não o deixem sozinho em seu quarto. Nem imagino o que pode ocorrer com ele hoje.

— O que aconteceu, doutor?

— O que sempre acontece com ele. Delírio de grandeza.

— E com o senhor, o que aconteceu?

— Recebi a "incorporação de um assassino com muita vontade de matar" – brinquei para ver se recuperava minha própria sanidade.

— Como?

— Esqueça, Manoel! Estou brincando. A arrogância de Marcondes contamina, envenena.

— Envenena a ele, primeiramente.

— Por essa razão, quero que fiquem bem atentos. Do jeito que a situação vai caminhando, ele, inevitavelmente, terá um surto a qualquer momento. Ele tem delirado cada vez mais, aproximando-se de um quadro psicótico eminente.

— O senhor tem alguma orientação além de deixá-lo em observação?

— Peça que tirem todos os livros ao alcance dele e que redobrem todas as medicações que passei. Ordens médicas!

— Certo, doutor. Farei isso. Tenho notícias de que todos os pacientes se queixaram dele essa semana. Ele aprontou na ala com intrigas e tentou envolver as pessoas com ideias bem fora da realidade.

— Marcondes continua desmemoriado, Manoel Roberto. Seu orgulho e prepotência continuam deixando-o cego para as causas de sua infelicidade. Precisaremos lembrá-lo do motivo que o trouxe a este hospital e fazê-lo recordar de toda a sua trajetória aqui dentro, de ala em ala, até chegar aqui entre os pacientes com quadros severos. Vou autorizar uma medida extrema para o caso dele.

— O senhor quer o confinamento?

— Se até a tarde ele não apresentar sinais de melhora, peça para confiná-lo no subsolo, nos setores de observação.

— Sim, senhor!

5

Evangelho ou divã para a comunidade espírita?

O espiritismo é a nossa grande esperança e, por todos os títulos, é o Consolador da humanidade encarnada; mas a nossa marcha é ainda muito lenta. Trata-se de uma dádiva sublime, para a qual a maioria dos homens ainda não possuiu "olhos de ver". Esmagadora porcentagem dos aprendizes novos aproxima-se dessa fonte divina a copiar antigos vícios religiosos. Querem receber proveitos, mas não se dispõem a dar coisa alguma de si mesmos. Invocam a verdade, mas não caminham ao encontro dela.

André Luiz pela psicografia de Chico Xavier.
Nosso Lar, capítulo 43.

O estudo dos casos daquela manhã estava marcado para a tarde. A discussão tinha por objetivo o fortalecimento de uma visão mais ampla da equipe diante das medidas relativas aos internos que haviam sido atendidos. Mesmo havendo passado algumas horas, ainda me encontrava com meu humor meio fora do eixo em função do atendimento a Marcondes.

Cheguei quinze minutos mais cedo e já encontrei Manoel Roberto na sala, fazendo anotações de prontuário.

— Você não se cansa disso, Manoel?

— Temos que anotar, doutor, senão ainda teremos de responder por coisas que não fizemos.

— Isso eu concordo. Ainda mais com esse grupo de espíritas que atualmente está interno.

— Doutor Inácio, confesso que ando pensativo sobre o que tem acontecido na ala.

— As trevas baixaram naquela ala, Manoel. Também, com tanta sombra junta, não é de se admirar! O obsessor não chega nem perto daquela ala por medo de ser "mordido".

— Mesmo conhecendo as enfermidades dos irmãos espíritas, tem momentos em que sinto que isso não terá fim. Cada hora aparece uma situação pior que a outra. Essa semana, por duas vezes, tivemos dirigentes se atracando verbalmente nos corredores. Um deles chegou a falar em acender uma fogueira para queimar o outro.

— Não duvido que acendesse, se pudesse. Velhas lembranças da Inquisição, meu caro.

— Confesso ao senhor a minha impotência para chegar a um diagnóstico em certos casos, mesmo considerando os conhecimentos que já possuo e também o que tenho visto em relação aos espíritas.

— Não é tão difícil assim, caro enfermeiro. Fica claro e evidente o núcleo psíquico do adoecimento de 100% dos pacientes na ala dos espíritas.

O ego desmedido é o que leva algumas pessoas a supervalorizarem os rótulos religiosos. Esse é um mecanismo criado pela vida mental para se defender da sensação de inutilidade ou de desvalor pessoal. Surgem, assim, as máscaras de médium, de pastor ou de sacerdote. Na maioria das vezes, a posição hierárquica religiosa é uma forma de encobrir algo que não está bem dentro da pessoa, a qual se identifica com a máscara porque não gosta de algo em si mesma.

O ego excessivo acontece, basicamente, porque não existe uma conexão entre a forma de pensar e a forma de sentir. Essa desconexão entre conceito e realidade, crenças e verdades, é uma doença e precisa de tratamento.

Os espíritos com essa característica de enfermidade psíquica renasceram amplamente no movimento espírita e necessitam do remédio potente do espiritismo para curar seu orgulho e sua prepotência. Em princípio, o trabalho e o estudo são as melhores indicações para a recuperação desse grupo, que, no início do século XX, renasceu pela primeira vez como espírita. Todavia, mesmo com tais receituários, muitos desses espíritas não alcançam a vitória sobre suas ilusões de grandeza, trazendo-as para cá. Inclusive, muitos deles chegam a esta casa sem entender, de fato, a razão de suas tormentas e o porquê de não serem tratados com reconhecimento e privilégios aqui no mundo espiritual.

Já há algum tempo, começaram a renascer grupos de espíritos que seriam espíritas pela segunda vez. Em pouco mais de 150 anos de espiritismo no Brasil, alguns já renasceram pela terceira vez na condição de espíritas. Entretanto, nessa virada do século XXI, temos muitos espíritos reencarnados como espíritas pela primeira vez, pertencentes a um grupo de religiosos falidos e comprometidos perante sua própria consciência, que receberam o aval de Bezerra de Menezes para suas reencarnações. Modesta nos esclarece bem sobre esse processo em seu livro *Os dragões*.

Aceitar que temos o ego desmesurado e desejar a cura para isso é um processo bastante doloroso, no entanto, quando surgem os primeiros resultados, é libertador. Os doentes que temos hoje na ala são renitentes em alcançar esse benefício. Mesmo com as oportunidades e os recursos oferecidos pela doutrina, não chegariam aqui de outra forma, pois não quiseram proceder a uma avaliação mais honesta a respeito de suas profundas necessidades no terreno da ilusão. Não aceitaram se deitar no divã do autoconhecimento no mundo físico e, mesmo agora, não querem se deitar no divã da vida espiritual. A morte não muda ninguém. Esses espíritos chegaram aqui da mesma forma como eram lá.

Para muitos espíritas, falar do Evangelho e devotar-se às práticas em torno da mensagem de Jesus está ficando cada vez mais difícil. Eles não assumem a necessidade inadiável do tratamento no divã do autoconhecimento e da terapia como ferramenta indispensável de aprimoramento.

Marcondes é um dos muitos casos com ojeriza ao divã no mundo físico e continua, aqui, fugindo de sua terapia de libertação consciencial.

— Mesmo sabendo de detalhes de sua trajetória, muitas vezes me pergunto do que o Marcondes foge!

— Ora, Manoel Roberto, ele foge das lembranças que o atormentam.

Fazer um diagnóstico preciso para o Marcondes é difícil mesmo aqui, fora das esferas convencionais da

Medicina terrestre. Porém, se é por falta de diagnóstico, eu diria que ele já sofria de certa distimia[1] quando reencarnado.

Um simples quadro pendurado na parede de um centro espírita com a imagem de algum guia espiritual já era motivo suficiente para deixá-lo atolado em uma crise nervosa de indelicadezas e discussões com os dirigentes da casa. Seu rigor e sua severidade com os princípios espíritas poderiam ser comparados aos dos inquisidores de tempos atrás.

— São dessas lembranças que ele foge?

— Não, meu caro! Não é isso que adoeceu Marcondes. Ele não quer se lembrar é das consequências infelizes que seu comportamento mais recente trouxe para sua própria vida, como o afastamento da família, a revolta dos filhos pelo seu fanatismo pela religião, o desprezo de amigos antes afetuosos, que, acreditando em suas propostas de união e fraternidade, tiveram seus nomes atirados na lama da fofoca.

Marcondes acumulou malquerenças e rancor, alimentou adversários e quase teve sua morte física decretada por um vizinho, que, profundamente ferido por um episódio de traição conjugal entre sua esposa e Marcondes, entrou em desespero. O caso foi abafado,

1 Tipo de depressão crônica de moderada intensidade. Os portadores do transtorno distímico são indivíduos de difícil relacionamento, com baixa autoestima e elevado senso de autocrítica. Estão constantemente irritados e tendem a enxergar o lado negativo das coisas.

mas gerou a separação do casal de vizinhos e o ódio das famílias, além de um tumulto na própria família de Marcondes, que passou a desacreditar no espiritismo devido às suas atitudes. E não é só isso: Marcondes se envolveu ainda com uma evangelizadora dentro do centro espírita, o que lhe causou a doença que o retirou do corpo físico.[2]

Ele deixou um rastro de hipocrisia e mentiras, fanatismo e rigidez, sem comparação.

Hoje, Marcondes está carregado de culpa e de dor, as quais se manifestam em forma de loucura e perturbação que ele tenta sufocar com a máscara do dirigente espírita iluminado e bem resolvido.

São essas e outras tantas dores que ele esconde sob a fachada de um espírita de renome. Usa a soberba da cultura doutrinária para se impor e a rigidez dos costumes para alimentar seu próprio orgulho e sua perigosa vaidade.

O assunto estava indo de vento em popa quando começaram a chegar os componentes da equipe para nossa avaliação dos casos. Representando a ala, estavam presentes Manoel Roberto e a irmã Valéria. Das enfermarias do subsolo, vieram Modesta e diversos profissionais. Ao todo, éramos dezesseis pessoas. Fizemos uma oração e abrimos *O evangelho segundo o espiritismo* ocasionalmente no capítulo 18, item 09.

---

2 O caso foi narrado com detalhes na obra *Lírios de esperança*, de autoria espiritual de Ermance Dufaux e psicografia de Wanderley Oliveira, Editora Dufaux.

Irmã Valéria foi a escolhida para fazer a leitura com sua voz cândida e penetrante.

> *Todos os que reconhecem a missão de Jesus dizem: Senhor! Senhor! – Mas de que serve lhe chamarem Mestre ou Senhor, se não lhe seguem os preceitos? Serão cristãos os que o honram com exteriores atos de devoção e, ao mesmo tempo, sacrificam ao orgulho, ao egoísmo, à cupidez e a todas as suas paixões? Serão seus discípulos os que passam os dias em oração e não se mostram nem melhores nem mais caridosos nem mais indulgentes para com seus semelhantes? Não, porquanto, do mesmo modo que os fariseus, eles têm a prece nos lábios e não no coração. Pela forma poderão impor-se aos homens; não, porém, a Deus.*

Alguns podem estranhar a escolha desse livro para nossa reunião e o fato de irmã Valéria ter feito a leitura, pois existem pessoas que acham que católicos e religiosos de outras doutrinas não leem livros espíritas. No entanto, isso não é verdade. Aqui mesmo no hospital, padres fazem estudo de *O livro dos espíritos* com padres reencarnados, durante a noite, em desdobramento pelo sono físico.

Após vários comentários sobre a leitura, eu comecei a reunião fazendo um desabafo.

— Vocês já sabem o que sinto e penso com relação aos pacientes da ala dos espíritas no subsolo. Aliás, o trecho lido pela irmã Valéria já resume tudo. Não fosse a bondade de vocês, eu desistiria. Não me vejo como médico nem como pessoa recomendada para tratá-los.

Não fosse por Modesta e Eurípedes, preferiria cuidar dos jardins ou da limpeza do hospital a ter de lidar com eles. Sinto tremendo desgosto diante de tanta teimosia. Reconheço minhas limitações e considero isso um desafio para minhas necessidades de paciência e de amor.

— Inácio, nesta casa de amor, damos o que temos – falou Modesta com muito afeto. – Você, com toda a sua suposta intolerância, energiza o pensamento e a reflexão de doentes graves. Sua didática, aceite você ou não, ilumina mentes prisioneiras de severas doenças.

— Eu sei disso, Modesta. Mas, para ser honesto, continuo fazendo isso mais por mim, pela necessidade que tenho de desenvolver novos valores.

— Então, continue. Porque os resultados são muito motivadores para os outros também.

— Pode ser! Mas prefiro acreditar que eles merecem algo melhor do que eu.

— Você poderia nos fazer o relato dos casos?

— Não temos muitos casos preocupantes. O único nessas condições é o do Marcondes. Ele não teve quase nenhuma melhora. Ao contrário, sugiro medidas urgentes em seu processo de recuperação.

— Faça uma pequena atualização para o nosso grupo, Inácio. Muitos dos presentes não sabem em detalhes o que vem acontecendo.

— Marcondes está há um longo tempo no Hospital Esperança. Devido ao seu forte vínculo com os trabalhos da organização unificadora que coordenava, seu corpo mental inferior, ao desencarnar, permaneceu na instituição.[3] Ele está lá, agarrado como uma hera no muro. Quando encarnado, todas as noites, ao entrar em desdobramento pelo sono, ele ia para a instituição a fim de discutir assuntos do movimento espírita. Após sua morte, essa cisão de corpos manteve-se, pois esse é um processo muito profundo em sua enfermidade. Ele já possuía ingredientes psíquicos doentios em função de seu severo estado emocional de controle e poder. Médiuns da agremiação, mais recentemente, perceberam esse corpo de Marcondes e interpretaram como sendo ele em espírito. E o pior: agora estão recebendo "mensagens mediúnicas" assinadas por ele.

— Posso fazer uma pergunta, doutor? - solicitou um dos enfermeiros.

— Faça.

— Aliás, antes mesmo da pergunta, eu queria dizer ao senhor que nós o amamos. O grupo todo de enfermeiros sente em sua supervisão e em sua forma de tratar os pacientes um alívio para as dores de todos nós. Se um dia o senhor quiser desistir de nossa ala, pense antes em nós, os trabalhadores, que passamos com eles muito mais tempo e não sabemos, como o senhor, o que fazer para dar conta de tanta loucura. Queríamos ter

---

3 No livro *Servidores da luz na transição planetária*, o autor espiritual José Mário, pela psicografia de Wanderley Oliveira, Editora Dufaux, explica esse processo, envolvendo o corpo mental inferior. Essa obra indica como referência para o assunto o *Livro dos médiuns*, capítulo 07, item 119, 3ª pergunta, de Allan Kardec, Editora FEB.

em nossos lábios as palavras que o senhor utiliza com tanta espontaneidade e sinceridade.

— Agradeço seu carinho, meu caro. Acho mesmo que vocês, sim, são o remédio que essa gente precisa. Digamos que eu apenas sirvo para dar o xeque-mate, enquanto vocês constroem os caminhos da vitória. Vamos, faça sua pergunta antes que eu comece a chorar e atrapalhe tudo.

— Será por causa dessa desconexão de corpos que Marcondes não apresenta melhoras aqui no hospital?

— Não tem outro motivo. Ele está cada vez mais alucinado, mais dissociado da realidade, com sua doença mental mais agravada. Age como se ainda vivesse na organização unificadora de seu estado. Apresenta períodos intermitentes no campo mental. Ora percebe que desencarnou, ora ainda se supõe chefe de tudo. Está cheio de planos. Ainda hoje propôs um congresso aqui no hospital. Ave Maria! - falei com toda antipatia que tenho desse tipo de evento.

— Doutor - continuou o enfermeiro -, e como eles conseguem receber mensagens mediúnicas de um corpo mental inferior que está desconectado do seu perispírito?

— O corpo mental inferior, também conhecido como repositório da parte instintiva, pode ser claramente definido como o inconsciente, aquela parte da vida sutil e mental que comanda a maioria dos sentidos e das operações da alma. Nesse corpo, residem ideias, percepções, registros intelectivos, conceitos e crenças, sendo possível captar mediunicamente esse material. Basta sintonizar.

— Temos, então, a possibilidade de, através da mediunidade, nos sintonizar somente com corpos mentais?

— Se considerarmos mediunidade como percepção divina, temos mediunidade em tudo no universo.

— E como chamar essa ocorrência no mundo físico entre os médiuns? Mistificação e obsessão? Como interpretar?

— Prefiro pensar em ignorância do que ocorre, meu caro. Falta de noção sobre a natureza dos fenômenos que cercam a vida mental humana, fora e dentro da matéria. Quem não admite que corpos podem se comunicar sem a presença do espírito jamais admitirá a existência de um episódio dessa natureza.

— Inácio – interviu Modesta –, isso sem contar que Marcondes deixou promessas de que voltaria depois da morte para dar notícias.

— Isso é outra coisa que precisa ser revisada. Os companheiros de ideal percebiam que ele tinha mil defeitos enquanto encarnado, então ele desencarna e vira santo ou mentor do lado de cá? Entretanto, as mensagens que o suposto Marcondes-espírito está transmitindo são mesmo da natureza dele. Há ambiente para isso. Só que não é ele quem as emite, e sim o seu corpo mental inferior.

— Quer dizer – voltou ao assunto o enfermeiro interessado em aprender – que as comunicações mediúnicas, mesmo sem a presença do Marcondes-espírito, são de conteúdo intelectual e moral dele?

— Sem tirar nem pôr. Os médiuns que recebem as mensagens por essa perspectiva são ótimos. Apenas, como falei, são ignorantes a respeito do que vem acontecendo verdadeiramente. São ótimos receptores, mas, como muitas vezes ocorre na mediunidade, as interpretações sobre a natureza dos fenômenos são distantes da realidade.

— E você, Inácio, diante do quadro de nosso irmão, tem alguma proposta?

— Eu queria saber, Modesta, quando começaremos os serviços com as câmaras holográficas, porque já fizemos inúmeras tentativas de resgate do corpo mental de Marcondes no plano físico, utilizando os serviços de médiuns do nosso plano, porém sem o sucesso desejado. Sem tecnologia apropriada para um caso desses, fica quase inviável dar outra solução que não a reencarnação. Ele realmente precisa de ajuda imediata. O caso é grave.

— Mais alguns dias e poderemos contar com esse recurso avançado aqui mesmo no hospital. Está tudo pronto para as devidas instalações. No próximo domingo, teremos um evento, no qual ouviremos uma palestra de um especialista que virá inaugurar as dependências holográficas e treinar equipes aqui do hospital para esse tipo de atendimento.

— Doutor Inácio – solicitou a palavra irmã Valéria –, o senhor pode me esclarecer com mais detalhes por que a reencarnação em casos como o de Marcondes seria uma solução?

— O corpo físico é um ímã poderoso, capaz de aglutinar, ao longo do período de gestação, tudo o que diz respeito à alma que está retornando à matéria. Se Marcondes tivesse a chance de retornar hoje, seu corpo mental inferior seria recambiado ao novo corpo em formação através do automatismo.

— E nenhum problema aconteceria ao novo corpo?

— Marcondes poderia, por essa razão, imprimir em sua nova organização fisiológica a ativação do DNA da esquizofrenia. Uma fragmentação de corpos pode também gerar, dependendo do caso, uma grave intercorrência na vida mental ou, esporadicamente, mesmo no organismo físico.

— Inácio, como foi a conduta dele hoje?

— Insana. Queria um congresso. Acredita-se inspirado por Ismael[4], o anjo guardião do Brasil, e não abre mão de pensar na grande missão que possui. Já solicitei a Manoel Roberto e a irmã Valéria que fiquem atentos e, se necessário for, que o encaminhem ao confinamento.

— Tenho sido muito acolhedora com Marcondes – expressou irmã Valéria.

— Ainda bem, irmã, que a senhora tem essa virtude. Isso contrabalança minha ansiedade. Chego a pensar que

4 Ismael é retratado como o anjo guardião do Brasil na obra *Brasil, coração do mundo, pátria do Evangelho,* de autoria espiritual do Irmão X pela psicografia de Chico Xavier, Editora FEB.

alguns médicos de outras alas não o suportam. Sobrou para mim, o médico dos espíritas. Que fama ingrata!

— Ainda assim, doutor Inácio, mesmo tendo sido muito orientada a respeito das lutas religiosas de meus pacientes, não posso negar que lamento pelo quadro do irmão Marcondes. Senhor Eurípedes, por várias vezes, em sua bondade e amor, nos explicou sobre a trajetória de um grande grupo de almas que renasceram no espiritismo. Vejo Marcondes nessas condições. A sua ficha reencarnatória pesa contra ele. Sua consciência, ainda entorpecida de ilusões, agrava seu comportamento.

— Eu sei, irmã. As informações, e mesmo o conhecimento atual que nós temos aqui no hospital sobre esse trajeto de infelicidade, não estão sendo suficientes para tão desafiante aprendizado. Daí a Modesta mencionar os novos recursos que nos chegam. Embora eu seja o impaciente desse grupo, acredito que o esforço tem sido geral para atendermos tantos casos que se avolumam. Ainda bem que eu tenho vocês, que estão na retaguarda. Eu não suportaria essa rotina sem a sustentação de vocês. Eu levo a fama de médico, mas vocês são os samaritanos. Tudo isso é muito para minha própria pequenez moral e espiritual. Pastores, sacerdotes, dirigentes espíritas e tantos outros líderes nessa condição doentia! Perdoem-me a franqueza, mas é muita loucura em um só lugar.

— Pois então, Inácio – retomou Modesta –, já pensou esses loucos à solta?

— Mais dor, mais crueldade, mais mentira e mais problemas.

— É preferível que causem esse trabalho a nós aqui do que às suas igrejas, templos ou centros espíritas. Afinal, foi esse o ensino de Jesus: *Os sãos não necessitam de médico, mas, sim, os que estão doentes; eu não vim chamar os justos, mas, sim, os pecadores ao arrependimento.*[5]

— É nisso que penso, Modesta. São ideias como essa que me confortam. É preferível tê-los aqui, quase na condição de reclusos, do que sob tutela de dragões e outros exploradores mais insanos que eles.

— Doutor, voltemos ao caso Marcondes – falou com carinho irmã Valéria. – Que medidas tomar?

— Assim que for instalada a câmara holográfica, que ele seja o primeiro a ser atendido, pelo amor de Deus! Ou resgatamos seu corpo mental inferior ou ele será consumido pela ovoidização.

— Receio que não possamos encaminhá-lo diretamente para essa cirurgia.

— Por que, irmã?

— O senhor se lembra da outra crise de demência que ele teve? Quando começou com aquela coceira compulsiva na cabeça?

— Sim. Não vá me dizer que ele está com isso novamente?

— Há três dias, venho notando esse comportamento em Marcondes. Já pude ver algumas feridas surgindo novamente.

---

5 Marcos 2:17.

— Então, nesse caso, irmã Valéria, sugiro que ele seja submetido à nova ressonância fotomental para avaliar se há resíduos de matéria tóxica em seu chacra[6] coronário. Até lá, mantenham vigilância total em Marcondes.

— Eu mesma farei os trâmites para que ele seja socorrido em regime de urgência, mesmo com inúmeros casos aguardando o socorro dessa nova tecnologia que será implantada no hospital. Se preciso for, faremos uma nova raspagem e assepsia em seus chacras superiores.

Alguns apontamentos rápidos ainda foram repassados sobre outros casos em estudo. Por fim, Marcondes, mais uma vez, foi o centro das atenções. A reunião foi encerrada com uma oração.

De minha parte, pensava cá com meus botões, Marcondes já deveria estar ajudando e, no entanto, ainda está dando muito trabalho. Como dizem no mundo físico: "Dai-me paciência, Senhor, porque, se me der força, não sei do que sou capaz.".

O trabalho foi tão intenso que o dia passou rápido. Nesse relato, contando assim aos pedaços, pode ficar a impressão de pouco serviço. Entretanto, naquela manhã, atendi 25 pacientes. As consultas são de, no máximo, quinze minutos. Os estudos dos casos dessa ala giraram em torno de Marcondes, ocupando cinquenta minutos da reunião, aproximadamente. Só com anotações em prontuário e dúvidas de enfermeiros que estavam na sala, gastamos mais duas horas. Passei ainda

6 O autor espiritual adota didaticamente o termo "chacra" para designar centros energéticos tanto no corpo físico quanto no duplo etérico e nos corpos astrais. (N.E.)

na ala dos espíritas, que tem cem internos considerados atualmente casos graves, para as últimas prescrições de medicamentos e para assinar os blocos de receitas. Temos ainda a ala dos médiuns, de pacientes em celas prisionais, de casos de perturbação psíquica mais branda e, claro, os importantes grupos terapêuticos semanais.

Ao todo, eu participo de seis grupos. Além disso, temos os trabalhos diários fora do hospital, no mundo físico, e situações emergenciais, que sempre fogem da rotina planejada. De uns anos para cá, passei a ser também "mentor" (*risos*), usando da psicografia para encurtar os laços entre o céu e a Terra. Fora isso, são muitas as surpresas, sem contar eventos ocasionais no próprio hospital para estudo e implantação de tarefas, como a que nos esperava na implantação da câmara holográfica.

Talvez com esse pequeno balanço, embora ainda bem distante da rotina de nossos compromissos espirituais, seja possível perceber a necessidade de se possuir o humor dos anjos para dar conta de uma ala com pacientes como esses que atendemos aqui.

Fui me recolher, pois naquela noite usaria meu tempo para responder a algumas cartas que tenho recebido do mundo físico. Passei a mão em uma delas e logo percebi que, para fechar aquele dia, eu teria mesmo de dormir com alguns puxões de orelha.

O ego excessivo acontece, basicamente, porque não existe uma conexão entre a forma de pensar e a forma de sentir. Essa desconexão entre conceito e realidade, crenças e verdades, é uma doença e precisa de tratamento.

6

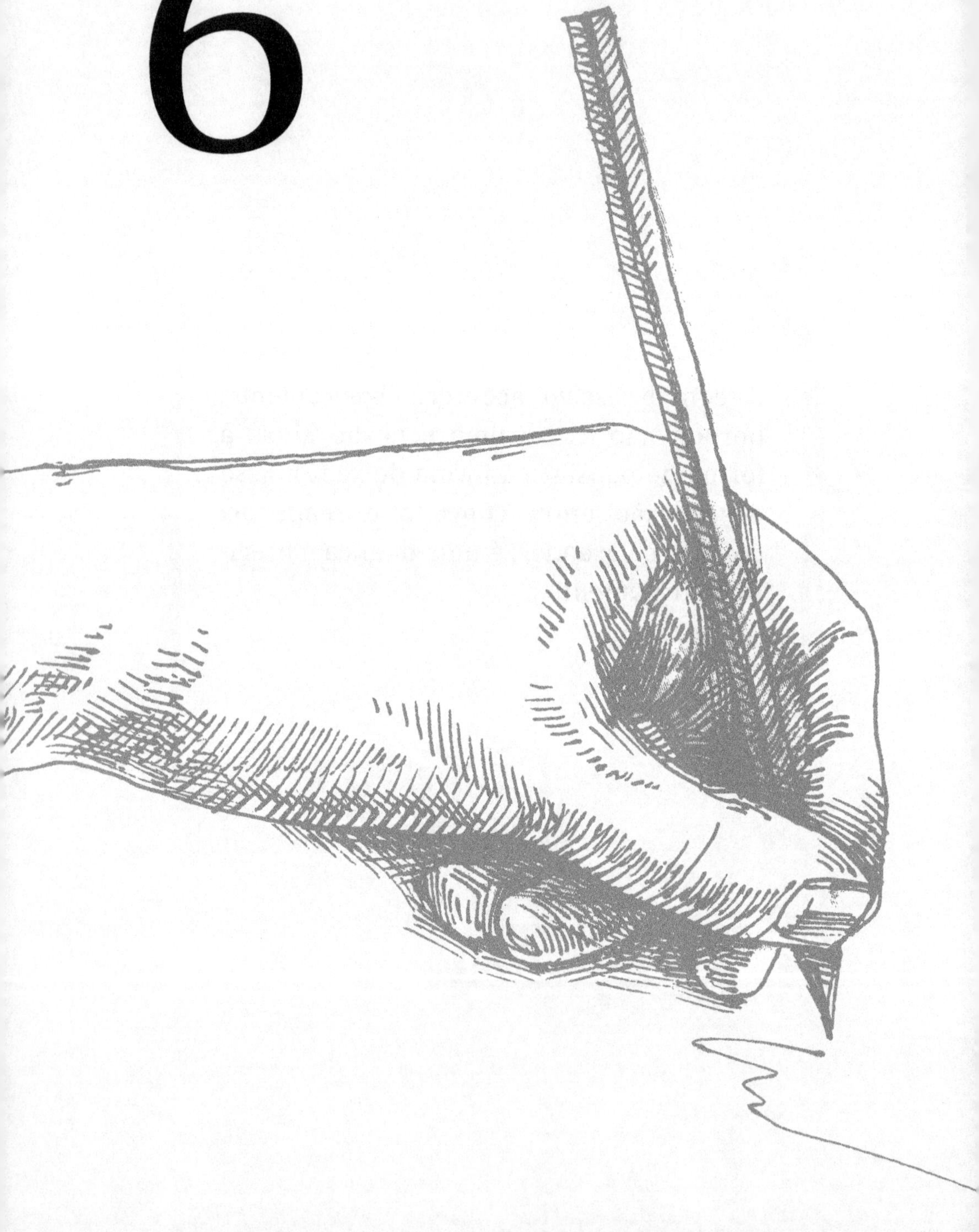

Respondendo a cartas

Jamais quebreis o fio de luz que nos liga, individualmente, ao Espírito Divino! Não permitais que o egoísmo e a vaidade, os apetites inferiores e as tiranias do "eu" vos empanem a faculdade de refletir a Divina Luz. Recordai que, em nossa capacidade de servir e em nossas posições de trabalho, estamos para Deus como as pedras preciosas da Terra estão para o Sol criador – quanto mais nobre a pureza da pedra, mais possibilidade apresenta para refletir o brilho solar!

André Luiz pela psicografia de Chico Xavier.
Missionários da luz, capítulo 09.

A primeira carta dizia:

Caro doutor Inácio, um abraço muito carinhoso. Meu nome é Sandra e tenho uma estima enorme pelo senhor e pelos seus ensinos, mesmo não o conhecendo pessoalmente. Seus ensinos têm sido para mim um bálsamo e uma direção para minha cura espiritual.

Sou espírita há mais de três décadas e não me sinto envergonhada de dizer ao senhor que somente agora, diante de suas páginas tão francas e diretas, estou entendo melhor o espiritismo.

Fui simplesmente expulsa da casa espírita que frequentei por um homem que aqui vou denominar apenas de irmão T. Levei um livro seu para apresentar num grupo de estudos e achei muito estranha a reação dele.

Todos ficaram entusiasmados com a minha apresentação sobre o livro; ele, porém, ficou mudo e de sobrancelhas cerradas.

No dia seguinte, eu, que nunca recebi um telefone de ninguém do centro espírita para saber como estou ou como anda minha vida, fui chamada para uma reunião naquele mesmo dia à tarde, com os dirigentes da casa.

Doutor Inácio, eu devia ter gravado tudo que eu ouvi, porque contando ninguém acredita. Foi muito desrespeito e desaforo. Resumindo, eles pediram que eu me afastasse da coordenação do setor de estudos e ainda me fizeram advertências de que eu precisaria passar, durante um mês, por sessões de desobsessão para me reequilibrar.

Escrevo essa carta apenas para dizer que, pelo menos aqui em minha cidade, o senhor tem inimigos ferrenhos e desumanos. Não sei, sinceramente, se isso faz muita diferença para o senhor, mas, pelo menos para mim, poder escrever essa carta está sendo um desabafo. Compreenderei se o senhor não disser nada, mas... como gostaria de ter uma resposta!

Estou sempre me lembrando do senhor em minhas preces para que sempre encontre coragem e alegria para continuar.

Sinceramente, doutor Inácio, quero findar essa carta dizendo que saber que tem uma pessoa como o senhor aí, no mundo espiritual, já me dá até mais segurança para pensar na morte.

Quando eu morrer, doutor, juro que vou lhe procurar.

Eu pensei em não lhe responder, pois já estava um tanto exausto disso tudo. Os que não gostam do meu trabalho, seja por qual motivo for, em muitos casos, são mais honestos no que acreditam. Já os que gostam da minha literatura adoram as novidades e se entusiasmam com minha clareza e destemor. Outros, no entanto, costumam cultivar a infantilidade de esperar demais dos opositores, supondo que vão mudar o modo de pensar destes apenas com algumas dezenas de livros inovadores na linguagem e nos enfoques.

Contudo, fiquei com vontade de dizer algumas palavras para a remetente. É, estou ficando mesmo de coração mole... (risos).

> *Sandra, é com muita alegria que recebo a sua carta.*
>
> *Se existem irmãos que se fazem de meus inimigos ferrenhos em sua cidade, alegro-me em dizer que o problema pertence a eles e não a mim. Eles sim têm um problemão para resolver. Quem assume essa postura, infelizmente, carrega no coração o veneno do ódio.*
>
> *Isso é muito fácil de entender pelo próprio Evangelho de Jesus, que nos diz: "E odiados de todos sereis por causa do meu nome; mas aquele que perseverar até ao fim será salvo".*[1]
>
> *Acho muito saudável para o meu crescimento que essas pessoas estejam contra os pontos de vista que apresento, mas daí a cultivar a inimizade e ter atitudes como as que tiveram com você, usando de um poder cruel, sinceramente, é um assunto que eles terão de resolver.*

1 Mateus 10:22.

Existem muitos espíritas que acham que o espiritismo é o único caminho para a verdade e que tudo já foi dito sobre ele. Tenho muito respeito a quem pensa assim. Por muito pouco eu também quase escorreguei nessa "casca de banana".

Entretanto, nem mesmo Kardec via a Codificação desse jeito. Ele era aberto e jamais fez do espiritismo uma nova Sagrada Escritura, na qual estariam todas as verdades encerradas. Em suas palavras, ele esclarece:

Todavia, como não alimenta a pretensão de haver dito a última palavra seja sobre o que for, nem mesmo sobre o que é de sua competência, ele não se apresenta como absoluto regulador do possível e deixa de parte os conhecimentos reservados ao futuro.[2]

Espiritismo, enquanto doutrina filosófica, científica e religiosa, só existe um: aquele contido nas bases da obra de Allan Kardec. Porém, as formas de interpretar e praticar os ensinos ali contidos são tão variáveis quanto são as formas de entendimento de cada pessoa ou cultura.

Muitas organizações, divulgadores ou pensadores do espiritismo, no entanto, se posicionam contra essa diversidade, defendendo uma única forma de interpretar a doutrina ou mesmo de praticá-la.

A beleza do espiritismo está em provarmos nossa capacidade de boa convivência uns com os outros, mesmo guardando uma forma diferente de entendê-lo. Infelizmente,

---

2 *A gênese, capítulo 13, item 08* de Allan Kardec, Editora FEB.

nem sempre isso acontece da parte daqueles que se acreditam predestinados a "salvar" o conceito de espiritismo e a zelar pela pureza dos ensinos da doutrina.

Ciente disso, esforço-me por construir dentro de mim o respeito para com todos, embora confesse que, nem sempre, tenho êxito nessa intenção.

Sandra, lembre-se de que um verdadeiro líder com Jesus não teme a polêmica, os lugares, as leituras, as diferenças. Ao contrário, ele incentiva a liberdade, a opinião pessoal, a discussão sincera e fraterna, a livre pesquisa, a autenticidade e, sobretudo, não julga por preconceito nem espera que todos concordem com ele. Um líder com Jesus é um agregador e não um separador.

A base do espiritismo é uma só: Jesus e Kardec. Indiscutível e respeitável.

Quanto à forma de entender, me perdoem os engessados, mas o mundo é dos diversos.

Nesse sentido, é necessário um questionamento sobre qual o sentimento que orienta uma comunidade religiosa em que falta respeito às formas diversas de pensar e na qual, consequentemente, são geradas atitudes e condutas de calúnia, malquerença e exclusão.

Amor de verdade floresce é nas diferenças. Talvez por isso esteja tão difícil a quem se entorpeceu com a rigidez das interpretações abrir seu coração ao grupo das pessoas corajosas, autênticas e destemidas que, a cada dia mais, procuram o espiritismo do Cristo e não a doutrina distorcida pelos homens.

Sandra, volte-se para o ideal de amor. Se preciso for, abra mão das minhas ideias e fique com Jesus e Kardec. Apenas não fique com quem te machucou. Procure um ambiente que você mereça, um lugar onde seja respeitada, onde possa ter amigos e não dirigentes autoritários. Faça isso por você e não por mim.

Deus a abençoe!

******

Outra carta me foi endereçada de um estado da Região Sul e dizia o seguinte:

Doutor Inácio, bom dia. Eu prefiro não me identificar, por isso o nome com o qual assinei essa carta é fictício.

Gosto muito dos seus ensinos e os leio e estudo com muita seriedade. Reconheço que sua personalidade brincalhona é um presente para nós que adoramos a literatura mediúnica espírita, entretanto, quero lhe endereçar, com muito respeito e carinho, observações sobre algumas palavras e formas de o senhor se expressar que, a meu ver, são às vezes completamente desnecessárias ou poderiam ser ditas de forma mais inteligente e educada.

A opinião não é só minha. Vários leitores que amam suas páginas sentem-se assim e chegaram a me mostrar alguns trechos por eles destacados que, lidos isoladamente, chegam a ser, em nossa avaliação, pejorativos.

Perdoe-me por tomar seu precioso tempo com esse assunto. Sei que o senhor é muito ocupado e muito tem nos oferecido do seu tempo e do seu amor.

Eu não escrevo pedindo-lhe satisfação nem lhe solicitando que melhore sua forma de escrever. Continuarei absorvendo seus ensinos, mesmo que tenha de engolir a seco alguns trechos que considero menos educados. Escrevo apenas para que o senhor saiba como alguns de nós, seus leitores, nos sentimos. Não é uma crítica, e sim uma ponderação recheada de carinho. Se tiver algum valor, use-a.

Além dessa observação sobre os termos, queria também ponderar que, devido a esse seu jeito de falar, eu não acredito que seus conhecimentos tão oportunos possam atingir o coração dos mais conservadores que, diga-se de passagem, já começam a usar alguns trechos de seus ensinos para desautorizar o médium e mesmo o senhor.

Afora isso, o senhor é maravilhoso e sinceramente espero que não reencarne por agora, pois, com a minha idade, não demoro muito aqui no plano físico e, ao morrer, se assim me for permitido, desejo que uma das minhas primeiras iniciativas seja lhe procurar para dar um beijo nessas bochechas e lhe abraçar com gratidão.

Rosália.

Ao ler a carta de Rosália, minha mente fez uma retrospectiva do meu dia. Lembrei-me da consulta do Marcondes, da avaliação dos casos à tarde e de várias oportunidades nas quais ouvi de confrades, daqui e do mundo físico, que tomasse mais cuidado com o que falo.

Não sei se porque estou melhorando ou se porque a carta veio com uma energia especial, mas, ao terminar de lê-la, fui tomado por uma serenidade e por um profundo desejo de autoavaliação e introspecção. Sem cobranças, que não são típicas de meu temperamento, senti a necessidade de verificar quantos "Inácios" moravam dentro de mim e se, diante de uma elevada quantidade, não haveria ao menos um que tivesse um pouco mais de elegância e fineza de tratamento. Juro que tentei, mas não o encontrei. Pelo contrário, deparei-me, se possível, com "Inácios" ainda mais imaturos e rabugentos. Contudo, confesso que não fiquei decepcionado.

Diante do meu desejo sincero de ser alguém melhor, resolvi então usar a clareza com Rosália, já que nada poderia lhe prometer. Assim lhe respondi:

> *Rosália, que Jesus a envolva em bênçãos imortais.*
>
> *Sua elegância e amor me "humilharam". Não pense, no entanto, que eu esteja dizendo isso como algo ruim ou que sua carta tenha me causado algum sofrimento. Pelo contrário, ela me fez muito bem e chegou em um momento em que eu precisava mesmo refletir sobre tais assuntos.*
>
> *Reconheço que, por um tempo ainda longo, precisarei, em uma ou outra ocasião, dizer algo a respeito do procedimento desse tal doutor Inácio. Homem difícil, viu!*
>
> *Confesso que, às vezes, nem eu mesmo me aguento.*

Minha única virtude, Rosália, é o bom humor. Já nasci com esse temperamento e nunca deixarei isso de lado. Quem me conhece sabe bem dessa minha veia humorística e exageradamente rica de alegria. É nisso que me saio melhor.

Porém, a profissão e as experiências de outras vidas praticamente me impuseram a necessidade de desenvolver a sinceridade e a autenticidade. Esse fato se dá sem nenhum direito meu à escolha, por causa de minha consciência. Já menti demais em outras vidas e, na personalidade de doutor Inácio, renasci com horror e repulsa à mentira e à hipocrisia. Entretanto, sinceridade e autenticidade são qualidades que ainda não possuo completamente e, por vezes, ainda me distancio do equilíbrio.

O que você disse sobre mim é verdade e deve começar em mim mesmo a reavaliação dessa conduta verbal que mistura o mineiro matuto com o doutor impaciente e abusado.

Quero que você saiba que por várias vezes já pensei nesse assunto, mas pelo incentivo de vários amigos mais nobres, entre eles Eurípedes Barsanulfo e Maria Modesto Cravo, continuo meu trabalho.

Quanto à sua ponderação sobre minhas ideias atingirem o coração dos mais conservadores, fique ciente de que não guardo a menor pretensão em relação a isso. Seria pedir demais deles.

Divulgo meu modo de pensar para aqueles que estão insatisfeitos com o que os conservadores têm feito com o movimento espírita, elitizando-o e mantendo-o distante de uma proposta de simplicidade e de libertação consciencial.

É com gente como você que desejo compartilhar minha crença. Gente que não aceita mais os abusos de pessoas que se supõem acima do bem e do mal pelo simples fato de serem dirigentes, líderes, trabalhadores, médiuns ou de possuírem relativo conhecimento doutrinário. Escrevo para gente insatisfeita com as organizações que têm sido usadas para controlar e manipular o espiritismo.

Esse grupo de insatisfeitos cresce cada dia mais e representa, hoje, uma enorme fatia do movimento espírita que, na falta de opiniões mais arejadas, debanda da seara para outras religiões, levando consigo uma visão rígida e dogmática do espiritismo.

Dirijo-me, portanto, a essas pessoas e não aos conservadores, que costumam ter náuseas ao contemplarem minhas convicções.

Sinceramente, e com toda a honestidade de meu coração, eu não tenho nada a dizer para os conservadores e, quando o faço, é apenas pensando em vocês, que estão abertos a novidades e à renovação dos conceitos. Sabe por quê?

Primeiramente, porque, via de regra, os conservadores não estão abertos a mudanças. Segundo, porque vocês, que têm a mente mais aberta, nem sempre conseguem organizar uma atitude sensata que comprove a força e a solidez das opiniões renovadoras.

Não tenho compromissos para com os conservadores. Tenho, sim, puxões de orelhas para os que gostam de minhas propostas e também de mim. Por isso, aproveitem minhas ideias ou, melhor ainda, o que elas incentivam de melhor em vocês que acreditam em mudanças e em melhorias na seara espírita.

Quanto ao fato de os conservadores usarem meus livros para denegrir o conteúdo, paciência. Apenas não sejam como eles. Afinal, se você pegar uma ideia minha para desrespeitar os conservadores, no fundo, você estará usando a mesma tática deles. Já basta existir um doutor Inácio! Um só já é demais!

É para vocês que quero fazer um alerta: não se tornem cópias de Inácio Ferreira! Fiquem com o meu melhor. Sigam o exemplo da Modesta, de Eurípedes, de Odilon Ferreira, de irmão José e de tantos outros.

Não queiram multiplicar meu jeito de ser. Eu escrevo desse jeito apenas com um objetivo: o de que vocês façam renovação com mais inteligência e sabedoria, com mais fraternidade e elegância. Sei que muitos de vocês podem fazer isso.

Em meu trabalho, encontro duas vantagens: a primeira é reforçar o valor do Evangelho; a segunda é colaborar para desmistificar esse plano espiritual "católico" que está iludindo os espíritas, afastando-os da realidade e da beleza dos conteúdos lúcidos e sensatos de Allan Kardec.

A par das gafes verbais que cometo, ora intencionais, ora por imperfeição, não posso deixar de me defender, pois muita coisa que digo é simplesmente a verdade que incomoda muita gente. E lhe confesso, Rosália, que as coisas, quando ditas com clareza, em nada ferem as regras da boa educação. Ferem, sim, o orgulho daqueles que as ouvem e não querem aceitá-las e, por não aceitarem, tentam me desautorizar.

Rosália, em resumo, gastei toda essa lábia cheia de etiqueta apenas para lhe dizer, na linguagem que me é própria, que continuarei a escrever, sem papas na língua, por uns 200 anos ainda. (risos)

Fique com Deus!

Depois de várias cartas respondidas, realizei meu preparo para o sono. Busquei reler o precioso trecho da obra de André Luiz:

> *Recordai que, em nossa capacidade de servir, e em nossas posições de trabalho, estamos para Deus como as pedras preciosas da Terra estão para o Sol criador – quanto mais nobre a pureza da pedra, mais possibilidades apresenta para refletir o brilho solar!*[3]

Após essa leitura, minha mente deu muitas voltas e fiquei pensando em que tipo de pedra era o doutor Inácio. Nem preciso dizer o que senti.

Pedra de bodoque ou, talvez, uma pedra como aquela que foi referida por Jesus no Evangelho e que serve para pendurar no pescoço e lançar no mar![4]

---

3 *Missionários da luz, capítulo 09*, piscografia de Chico Xavier, Editora FEB.
4 Mateus 18:6.

Pensei, pensei e a melhor pedra com a qual me identifiquei foi com a pedra no sapato: aquela que incomoda e, algumas vezes, machuca.

Então, meu pensamento logo arquitetou um esmeril para aprimorar essa pedra e comecei a imaginar que pontos poderia melhorar.

Esse esmeril seria representado em minha vida por Modesta, Rosália, Eurípedes e – imaginem quem? – Marcondes. Todos os amigos e pacientes tomaram lugar na construção de minhas reflexões.

Abri uma janela, respirei o ar puro e disse: "Desculpe, meu Deus, por não ser ainda um diamante, mas eu chego lá."

No auge de minhas meditações, quando já passavam das 22 horas, recebi uma ligação informando que Marcondes havia piorado bastante e que não houve opção a não ser encaminhá-lo para o confinamento, conforme as minhas orientações.

Verificando que todas as providências já haviam sido tomadas e como já estava na hora do repouso necessário, fui dormir. E dormi como uma pedra.

A beleza do espiritismo está em provarmos nossa capacidade de boa convivência uns com os outros, mesmo guardando uma forma diferente de entendê-lo.

7

Experiência de

alteração da consciência

Para definirmos de alguma sorte, o corpo espiritual, é preciso considerar, antes de tudo, que ele não é reflexo do corpo físico, porque, na realidade, é o corpo físico que o reflete, tanto quanto ele próprio, o corpo espiritual retrata em si o corpo mental que lhe preside a formação.

André Luiz pela psicografia de Chico Xavier.
Evolução em dois mundos, primeira parte, item 02.

Já passavam alguns minutos das seis horas da manhã. Era um domingo muito ensolarado no Hospital Esperança. Meu compromisso inicial seria às sete horas, com Modesta. Haveria a apresentação muito aguardada e comentada entre os trabalhadores da casa sobre a cura quântica[1] e o uso da câmara holográfica.

Com o tempo a meu favor, resolvi ir a pé. Em meia hora já estaria nas dependências do hospital. Naquele dia, desde o primeiro instante em que abri os olhos, estive profundamente absorvido com assuntos que nem eu mesmo sabia a razão. Logo que coloquei o pé na rua, uma onda vibratória diferente me envolveu. Na medida em que caminhava, esse estado, que poderia ser definido como muito elevado e além de minha própria energia pessoal, foi só aumentando. A sensação é que eu estava em comunhão com alguém, com ideias de outra mente. Algo muito similar ao

---

1 Em *A cura quântica*, o Dr. Deepak Chopra mostra que o corpo humano é controlado por uma rede de inteligência, que determina se o indivíduo está saudável e bem integrado com a natureza, sendo capaz, assim, de derrotar as doenças cardíacas e o câncer, entre outros males. (N.E.)

que sentem os médiuns quando em contato com alguma entidade espiritual elevada.

Sem dúvida, era um estado alterado de consciência, intenso e muito bom. Supus que esse estado era devido àquela manhã tão linda e reluzente e, a cada passo que dava, sentia que saía mais de mim para um transe espontâneo. Essa sensação chegou a tal ponto, que precisei parar um pouco no meio do caminho para me assentar. De onde estava, já podia avistar ao longe o hospital. O movimento na rua era pequeno e havia um silêncio por fora e por dentro de mim mesmo. Nesse momento, senti extrema necessidade de oração. Assim, assentei-me em uma pequena mureta rente ao passeio e orei, agradecendo o momento que me envolvia. Embora consciente, olhei em volta e percebi uma luz nas folhagens de uma árvore na pequena mata que ladeava a rua por onde transitava. Nada de lógico poderia explicar aquela luminosidade intensa. Afinal, com tanta luz solar, ainda seria possível uma luz tão expressiva?

Comecei a me sentir profundamente atraído a entrar naquela mata virgem muito similar às florestas de eucalipto plantadas no mundo físico, com corredores imensos milimetricamente separados por árvores enfileiradas.

A cada passo que dava, tentava usar a razão para indagar o que eu estava fazendo, entretanto meus pensamentos mal chegavam a ser construídos. Algo mais forte dominava minha mente. A sensação era de que um fio invisível preso ao meu coração me levava em direção àquele lugar. Sinceramente, eu já não sabia se estava andando ou levitando.

Deslizava como se soubesse aonde estava indo e com que objetivo.

Devo ter me deslocado uns cinquenta metros para dentro da mata quando avistei um jovem assentado em postura de lótus: as pernas cruzadas, os pés em oposição às coxas, as mãos, voltadas para cima, espalmadas sobre as pernas e os olhos fechados. Parei diante dele. Pela aparência, não devia ter trinta anos. Tinha os cabelos encaracolados e uma pele ligeiramente avermelhada, que recordava os povos nórdicos. Vestia um longo guarda-pó branco, muito parecido com o usado pelos médicos, com mangas compridas.

Prestei tanta atenção no rapaz, que não havia observado o mais surpreendente: ele estava, pelo menos, a cinquenta centímetros do chão, levitando naquela posição.

A cena me trouxe de volta à razão. Senti necessidade de silêncio e fui tomado por um impulso de não incomodar a meditação do jovem. Assim que pensei nisso, ele me disse:

— Olá, doutor Inácio. O senhor não me incomoda. Fique à vontade. – E só então ele abriu os olhos e desceu na mesma posição até encostar-se ao chão.

— Posso saber quem é você?

— Sou Frederico. Eu já o esperava.

— Esperava?

— Estamos conectados por meio de interesses semelhantes, doutor. Nossos elos quânticos estão ativos.

— De fato, algo maior que meu conhecimento trouxe-me até aqui.

— Estamos falando de alma para alma.

— E posso saber de onde você me conhece?

— O senhor também me conhece, doutor.

— Ah! Eu o conheço? Não me lembro de onde.

— O senhor me conhece de onde eu vim. É um lugar que não está nesta dimensão.

— E de onde você veio?

— Da colônia xamânica[2] Olhos do Grande Urso.

— Você é um xamã[3]?

— Médico xamã.

— Para um xamã, você está mais para médico.

— Não sou um xamã ancestral, doutor. Tive reencarnações no xamanismo chinês e, posteriormente, renasci no Brasil como médium e médico.

— E em que você está meditando?

---

2 O xamanismo é a mais antiga prática espiritual, médica e filosófica da humanidade. Trata-se de um conjunto de crenças ancestrais cuja prática consiste em estabelecer contato com outros planos de consciência, a fim de obter conhecimento, poder, equilíbrio e saúde. O xamanismo propicia tranquilidade, paz, profunda concentração e estimula o bem-estar físico, psicológico e espiritual.

3 O xamã pode ser homem ou mulher. Ele é o mago, o curandeiro, o bruxo, o médico, o terapeuta, o conselheiro, o contador de histórias e o líder espiritual.

— Nas perguntas que o senhor me fará daqui a pouco.

— Perguntas? Minhas? Eu não pretendo lhe fazer perguntas.

— Fará, doutor. Não aqui, mas lá no hospital.

— Continuo achando que isso é sonho. Xamãs interferem na mente dos outros. É isso que você está fazendo?

— Doutor Inácio, estamos em todos e todos estão em nós. O senhor me atraiu, eu respondi.

— Continuo "boiando". Eu vou deixar você meditando, Frederico, porque tenho outras coisas a fazer. Começo a acreditar que estou ficando maluco mesmo ou em transe profundo, talvez sonhando.

— Está sim, doutor, em transe quântico. Logo o senhor entenderá.

— Assim espero, porque estou sendo tomado por uma sensação que começa a me preocupar. Preciso ir. Tenho compromissos me aguardando.

— O senhor já está quase lá, doutor.

— Lá?

— Próximo do hospital.

— É? Ah, acho que vou deixar você aqui. Não estou mesmo conseguindo assimilar o que está acontecendo. Até outra ocasião, se é que vá existir!

— Antes de ir, olhe bem nos meus olhos, doutor. Vou contar até três, e o senhor vai se desconectar. Um, dois, três! Volte ao seu caminho, doutor.

Não consegui me desviar daquele olhar penetrante e, quando ele falou "três", uma luz em forma de um raio amarelo saiu de seus olhos e quase me cegou. Como se acordasse de um sonho, percebi imediatamente que estava entrando pela porta principal do hospital. Fiquei tão confuso quanto antes. Como posso ter feito aquele trajeto restante até o hospital, que me exigiria pelo menos uns quinze minutos, sendo que fiquei no máximo dois ou três minutos com aquele jovem?

Eu sabia que a sanidade não era o meu forte, mas como explicar aquilo? Será que realmente perdi o juízo? Eu brinco tanto a respeito de ser um psiquiatra louco que cuida de loucos e, agora, me parecia que a coisa era real e acabou ficando séria.

Inegavelmente, a menos que outra explicação mais "pé no chão" surgisse, eu acabara de experimentar uma alucinação visual e auditiva. Talvez eu estivesse em um quadro de dissociação entre o pensamento e a ação, completamente absorto em minhas próprias divagações.

Entretanto, caminhando mais alguns metros, recuperei, o quanto possível, meu estado natural e continuei andando para encontrar Modesta. Já estava entrando no hospital quando as divagações passaram outra vez pela minha mente. Ainda não havia me desligado por completo daquele episódio. Tomava-me uma ansiedade de contar o ocorrido a alguém. Apressei o passo pelos corredores até chegar ao salão do evento, onde Modesta já me esperava. Ao me observar, foi logo dizendo:

— Que expressão é essa, Inácio? Parece que viu o Lobo Mau.

— Vi coisa pior, Modesta!

— O que houve?

— Preciso de alguns minutos antes do evento para te contar.

— Inácio, estamos para começar. Nosso convidado já chegou ao salão. Olhe lá na frente, ele já está cumprimentando os presentes.

Se as coisas já estavam confusas em minha mente, ficaram mais ainda quando olhei para o tal convidado que faria a palestra. Ao vê-lo, fui tomado por um arrepio na coluna e disse:

— Modesta, acho que preciso de sua ajuda.

— Que foi, Inácio?

— Qual o nome desse rapaz que fará a palestra?

— Doutor Frederico.

— Meu Deus! Segure meu braço, Modesta. Leve-me até ele. Não estou nada bem! – não bastasse a confusão mental, agora estava com nítido sintoma de queda de pressão.

— Inácio, não seria melhor ir ao posto de enfermagem antes de entrar para a palestra?

— Não, Modesta, leve-me até esse rapaz. Minha curiosidade está maior que meu mal-estar.

— Vamos lá, então. Meu Deus, o que deu em você?

— Acho que vamos saber já. Leve-me, por favor! – precisei mesmo de apoio para me locomover. Não era "chilique" de velho. Fiquei totalmente sem referência naquele momento.

Caminhei com a ajuda de Modesta em direção ao palco, onde o jovem cumprimentava várias pessoas. Quando cheguei bem perto, ouvi novamente isso:

— Já o esperava, doutor Inácio.

— De novo?

— Vocês se conhecem? – interferiu modesta.

— Creio que sim. Eu vi esse jovem lá atrás, na mata do hospital, perto de minha casa, há cinco minutos.

— Como pode? Ele já está aqui entre nós por, pelo menos, uns trinta minutos! Inácio, tem certeza de que não quer ir ao posto?

— Deixe-o comigo, dona Modesta – falou Frederico. Ele não está alucinando. Vou explicar tudo durante a palestra. Doutor Inácio, assente-se, por favor, e logo o senhor entenderá tudo.

Estava tão confuso, que me calei e tentei ficar com a mente centrada no ambiente. Não tive outra alternativa, para minha própria segurança. Já não tinha mais dúvidas de que experimentara algum fenômeno de alteração de consciência, embora não me arriscasse a afirmar do que se tratava.

Olhava para o doutor Frederico tentando entender o ocorrido, reunindo em minha mente tudo que sabia sobre fenômenos psíquicos, mas em vão. Nada se explicava e nada se fechava em meus raciocínios. Por fim, após a apresentação sobre as experiências médicas e científicas do jovem em sua colônia Olhos do Grande Urso, ele iniciou a reunião com a seguinte fala:

— Sou grato pela ocasião de intercâmbio de vivências entre nós. Compartilhar o que sabemos e aprender novas lições é a fonte que movimenta o saber e o desejo de ser útil. Serei muito breve nos apontamentos.

Falar de minhas vivências com cordões energéticos à luz da cura quântica é como abrir janelas com a alegria de sempre vislumbrar um novo horizonte.

Já há alguns anos, temos desenvolvido tecnologia apropriada ao tratamento de cordões energéticos entre espíritos que se desviaram das lições do amor eterno nas sendas do equilíbrio. Em nossa colônia, temos aparelhos construídos pela moderna Engenharia Quântica e que, agora, estão disponíveis também nesta casa de amor. Nosso propósito é dar pequenas pinceladas sobre o tema, para permitir um debate experimental entre a equipe que me acompanha e vocês, que são técnicos experientes em assuntos da vida emocional aqui no Hospital Esperança.

Cordões energéticos são algemas que prendem duas ou mais pessoas a um tipo de experiência afetiva. Consideremos a vida mental da criatura humana como uma teia e compreenderemos facilmente o significado de cordões tóxicos. Cada fio da teia é um elo que mantemos com aquilo que constitui o tema central das pendências de nossa alma em relação a alguém.

Tendo por base o egoísmo como doença milenar na Terra, o apego às crenças, às concepções e aos pontos de vista é o caminho emotivo por onde transita uma das mais aprisionantes doenças construtoras de cordões energéticos nocivos: a mágoa. Essa é uma doença severa, que amargura a alma e atormenta a mente na alimentação dos cordões destrutivos. É muito mais intensa e comum do que se possa imaginar, sendo origem de um leque enorme de doenças orgânicas e perispirituais.

Mágoa não é apenas o sentimento de dor moral e decepção de quem é alvo de atitude indelicada ou desrespeitosa. Magoar-se é, sobretudo, revoltar-se, não aceitar a realidade da vida.

Sua raiz estrutural está amplamente conectada à ferida evolutiva da inferioridade. A criatura humana não se acha valorosa o bastante perante os desafios da vida para assumir sua carência, sua fragilidade e sua penúria, magoando-se por ser quem é e revoltando-se ou envergonhando-se com os deslizes do aprendizado, tanto nas lições da existência dentro do corpo físico quanto fora dele. Portanto, nessa perspectiva, a mágoa é a ausência de habilidade em lidar com tudo aquilo que contraria o egoísmo milenar. Mágoa de si mesmo por não atingir seus interesses individualistas, mágoa por não saber como se defender, como se cuidar, como se proteger. E essa mágoa gera uma retroalimentação da sensação de inferioridade, mantendo a estima pessoal nos níveis mais baixos.

Uma pessoa magoada é alguém que não se abre para compreender, que não quer aceitar, que se fecha em seus interesses personalistas e adormece na concha de seu narcisismo sem limites. Todo fechamento afetivo para interação e intercâmbio com as leis divinas é mágoa. É uma escolha consciente, ou não, de quem não quer ir ao encontro do que a vida solicita.

Quem perde alguém e fica triste abre as portas para a mágoa de aceitar a ausência do ente amado.

Quem não alcança uma meta entrega-se aos braços da frustração, que pode ser o trampolim para o desânimo em relação à sua própria melhora. Quem desanima de si está ofendido com suas próprias limitações.

O sentimento gerenciador da mágoa é a raiva, que é uma bênção da conquista evolutiva humana, cujo fim é mobilizar a força pessoal, a proteção e a criatividade na solução dos desafios do caminho. A raiva voltada para dentro é mágoa.

Essa ausência de autoamor dá origem ao que chamamos de agregação psíquica, processo que se constrói à medida que alimentamos nossas mágoas e nos vinculamos a uma rede de grupos enfermiços, sustentada por nossos pensamentos doentios. Tentamos obter dos outros a solução de nossas lutas pessoais, jogando a responsabilidade que é nossa para eles, fortalecendo, assim, a rede de nossos cordões tóxicos. Magoados cobram muito. Dessa forma, carregamos e somos carregados por milhares de pessoas na esfera dos campos energéticos intoxicados. É a teia energética na qual vive, sobrevive e respira uma pessoa magoada. Com base nessa ótica universalista, qual de nós não está magoado?

Nesse estudo, vamos relembrar os corpos mais básicos que utilizamos em nossa caminhada: corpo físico, duplo etérico, perispírito e corpo mental inferior. É nesse último que encontramos o foco dos fenômenos de sustentação dos cordões energéticos e o centro do mecanismo de agregação e compartilhamento.

Esse corpo, que tem como uma de suas principais funções a elaboração da percepção, é também o depósito da mágoa, a qual, em última análise, não deixa de ser uma forma rebelde de enxergar um episódio ou um contexto da vida. Esse corpo tem uma profunda mobilidade de expansão sem alterar em nada a consciência. Por exemplo, uma pessoa pode estar na sala de sua casa lendo um livro e, inconscientemente, seu corpo mental inferior estar presente na casa de um parente adoecido.

De forma a exemplificar minha palestra, provoquei hoje um acontecimento usando técnicas xamânicas ancestrais para servir de ilustração entre nós. Para explicar isso com mais detalhes, vou chamar aqui o doutor Inácio Ferreira. O senhor pode vir aqui à frente, doutor?

— Claro que sim - respondi, ainda um tanto atordoado com tudo.

— O senhor pode narrar o episódio de nosso encontro agora há pouco?

— Para ser sincero, estou ainda muito fora de mim para explicar esse encontro, pois estou usando todos os meus neurônios para tal e não consigo.

— Nesse caso, fique aqui ao meu lado para me ajudar, doutor Inácio.

Em verdade, enquanto me encontrava aqui, sendo apresentado a vocês, desloquei conscientemente meu corpo mental inferior até uma mata virgem próxima, exatamente no trajeto que o doutor Inácio costuma fazer para vir ao hospital. Foquei a mente do doutor desde a saída dele de sua casa e comecei a chamá-lo mentalmente para um encontro. Ele alterou seu estado consciencial e passou por uma cisão de corpos. Assim, doutor Inácio continuou andando normalmente em direção ao hospital, mas seu corpo mental inferior ficou na mata para um encontro com o meu corpo mental inferior. Ambos se manifestando com voz, consciência e percepção ativa para uma pequena troca de palavras. Não foi isso que aconteceu, doutor?

— Quer dizer que é como se eu tivesse um desdobramento consciente? Perdi a noção de tempo e espaço por alguns minutos e me desloquei com um dos corpos até você na mata?

— Exatamente, doutor.

— E como explicar a diferença de tempo entre minha caminhada até o hospital e nossa rápida conversa?

— É o tempo quântico, doutor Inácio. Quanto mais sutil o corpo, mais variável a contagem do tempo. No caso, minutos no corpo mental inferior podem ser horas na esfera consciencial do perispírito.

— É muito para minha mente, embora tudo seja dotado de muita lógica.

— Doutor, o senhor viveu o fenômeno. Se eu fizesse uma palestra tentando explicar isso, mesmo aqui fora da matéria física, já seria difícil.

— Meu Deus, você tem razão! Fico aqui pensando: e se um dia eu escrever sobre isso aos amigos no mundo físico? Nem sei se devo.

— Deve sim, doutor Inácio. A Física Quântica avançou bastante na vida material do planeta. Qualquer pessoa com um pouco de informação pode explicar ou entender esse tema com segurança.

— Mas quando o tema envolve corpos e consciência, sinceramente, nem eu, que estou aqui no mundo espiritual, acreditaria nisso se não tivesse passado pela experiência que você provocou.

— Doutor Inácio, amigos presentes – falou o doutor Frederico, com muita simplicidade, dirigindo-se à plateia –, esse fenômeno aqui provocado acontece todos os dias e das mais variadas maneiras entre os homens, de forma espontânea. É uma das principais ocorrências entre pessoas unidas por cordões energéticos. Essa foi uma das razões do convite feito à nossa equipe para ministrar cursos nesta casa de amor e realizar cirurgias de desintoxicação de cordões com o uso dessa tecnologia. – Enquanto Frederico falava, eu me assentei para continuar ouvindo sua palestra, agora com atenção redobrada.

— Inúmeras perturbações orgânicas e psíquicas de quem se encontra no corpo físico poderiam ser melhor diagnosticadas e curadas se os homens investigassem mais sobre os corpos espirituais.

A medicina vibracional, entretanto, está lançando entre os homens reencarnados os portais de um novo tempo. O princípio científico e universal dos cordões energéticos está muito bem formulado na fala de Jesus: *Porque onde estiver o vosso tesouro, aí estará também o vosso coração.*[4]

O tesouro da intenção é capaz de deslocar o corpo mental inferior para onde estiver o centro dos interesses pessoais, colocando inconscientemente em movimento todo o conjunto das emoções que dizem respeito a esses interesses.

Minha equipe de técnicos e eu – e apontou para seis médicos discretamente assentados logo atrás de mim – passaremos algumas semanas com vocês, orientado-os

4 Mateus 6:21.

sobre a câmara holográfica, tecnologia que consegue reunir corpos dispersos e recuperar a integração chacra a chacra, célula a célula, reorganizando a vida mental e o corpo físico daqueles que padecem com as mais severas e diversas patologias na vida material e aqui no mundo dos espíritos, em casos previamente estudados e selecionados.

Sem mais delongas, quero apresentar-lhes explicações do funcionamento do aparelho.

Doutor Frederico começou, depois dessa fala inicial, uma apresentação em 3D que durou quase três horas.

Ao final, tivemos tempo para diálogos informais e ficamos muito amigos. Brincando como sempre, já que havia me recuperado do susto, disse a ele que, da próxima vez que tentasse entrar em minha mente, eu lhe prepararia uma emboscada. O jovem simplesmente me fascinou com seu conhecimento e com sua simplicidade.

Por várias vezes, discuti com doutor Frederico os casos apropriados a cirurgias na câmara holográfica. Nossas tarefas no Hospital Esperança, a partir de então, tomavam novos rumos em muitos casos que se arrastavam sem melhorias concretas.

Logo no dia seguinte aos ensinamentos esclarecedores com a equipe do xamã, a vida, conspirando sempre em conformidade com as possibilidades humanas, trouxe novidades sobre um dos casos que estava sob minha coordenação.

Separando corpos espirituais

8

A bondade divina é infinita e, em todos os lugares, há sempre generosas manifestações da Providência Paternal de Deus, confortando os tristes, acalmando os desesperados, socorrendo os ignorantes e abençoando os infelizes.

André Luiz pela psicografia de Chico Xavier.
Missionários da luz, capítulo 07.

No dia seguinte, bem cedo, segui direto para o subsolo do Hospital Esperança. Não era meu dia de plantão, mas fui chamado às pressas devido a um caso grave. Eu já acompanhava, há algum tempo, o paciente que recebia os atendimentos.

Cheguei ao posto nove, onde Manoel Roberto estava fazendo suas anotações, e indaguei:

— Bom dia! Muito serviço por aqui?

— Como sempre, doutor Inácio. O senhor já está sabendo do Igor?

— Sim, me ligaram e vim às pressas para vê-lo.

— Até que enfim conseguiram capturá-lo.

— Homem duro esse. Teve negociação ou veio naquelas condições de revolta?

— Não houve nenhuma negociação, porque ele não aceita mudanças. Tudo aconteceu da pior forma possível. Ele foi levado à cela quinze completamente fora de si. Depois dona Modesta irá contar tudo ao senhor.

Há quem fique admirado ao saber que existem celas no Hospital Esperança, mas não é para tanto. Fazendo uma comparação puramente didática, as áreas do subsolo desse hospital são o verdadeiro inferno em um pedaço do céu. Até respirar lá é mais difícil.

Rumei em direção à cela e quase não acreditei que estava frente a frente com aquele paciente para quem sempre desejei fazer algo em favor de sua recuperação.

Logo que parei diante das grades espessas que o aprisionavam, percebi que dois robustos vigias armados até aos dentes me acompanhavam. Ao me ver, Igor se levantou com um gingado de malandro e disse, ironizando:

— Ora, ora! Que nobre visita de caridade assim pela manhã. O doutor espírita dos loucos!

— Bom dia, Igor.

— Bom dia na cadeia? Que amor é esse de vocês? Quem tinha de estar aqui era Estela, e não eu. Concorda, doutor Inácio? Ou será que veio para me libertar?

— Não posso discordar de você, mas ela está na matéria e não virá tão cedo para cá. Deus tem outros caminhos para ela.

— Deus ou vocês, que se acham deuses?

— Igor, não filosofe. Ela não virá e pronto!

— Como não, doutor? Parte dela já está aqui, presa em minha própria alma. Ela me pertence por direito e por dívida.

— Vamos resolver isso brevemente. Assim que chegar o momento.

— É mesmo? E como pretendem fazer isso?

— Sua cirurgia já está agendada.

— Cirurgia? Hum... E se eu não deixar?

— Igor, abra os olhos. Suas alternativas se esgotaram. Foram meses de negociação e você traiu todas as nossas ações de bem. Pare de resistir, porque, aqui dentro do hospital, a coisa é bem diferente. Seus aliados te deixaram na mão e pronto. Se a vida te dá direitos, é para o bem e não para o mal. Sua vingança chegou ao fim para o bem de todos, principalmente para o seu próprio futuro.

— Está me ameaçando, doutor?

— Estou te alertando.

Assim que lhe respondi, pedi aos vigias que abrissem a cela. Nesse momento, tive de presenciar mais uma das muitas cenas fortes que somos obrigados a ver quando queremos trabalhar no bem e na construção de dias melhores para a Terra.

Ao abrir a porta, um dos vigias segurou Igor pelos braços, imobilizando-o, enquanto o outro colocou em seu nariz um pano embebido em substância anestesiante. Igor apagou em segundos, foi colocado na maca e levado para a sala de cirurgia da câmara holográfica.

Todas as salas de cirurgia estavam preparadas para incisões delicadas nos corpos mais sutis, tais como o corpo mental inferior. Essas salas de avançada tecnologia estão instaladas no andar superior do hospital e, nelas, são executados complexos projetos de nanotecnologia e implantes perispirituais. É um templo de sabedoria milenar que tem sua base de conhecimento prático alicerçada nas sagradas conquistas do povo egípcio. Na ampliação de suas atividades, os técnicos de esferas mais elevadas, sob supervisão do doutor Frederico, fizeram a implantação do sistema de serviços da câmara holográfica e permanecem em contínua assistência aos médicos e especialistas que conduzem a câmara com sabedoria.

A cirurgia não seria demorada. Após uma assepsia minuciosa na aura perispiritual de Igor, foi feita uma nova sedação, dessa vez mais profunda, ministrada por via endovenosa. Depois de Igor estar totalmente despido, os enfermeiros lhe deram um banho de substância asséptica, por causa do estado calamitoso em que se encontrava. Crostas muito densas que o faziam padecer saíam de seu perispírito devido à falta de cuidados básicos de higiene.

O motivo para essa cirurgia era delicado. Durante centenas de anos, Estela e Igor nutriram laços de amor e ódio devido a atitudes lesivas de Estela nesta e em outras vidas. Assim, com a ajuda de falanges médicas do astral inferior, Igor prestou serviços a grupos do mal em troca de "amarrar" Estela ao seu perispírito, de forma que, por meio desse entrelaçamento energético, ele pudesse comandar as ações de Estela, criando todo tipo de embaraço. Seu propósito era se vingar por ela tê-lo abortado em pleno renascimento na vida atual.

Dessa forma, ambos estavam conectados, na atual reencarnação dela, por mais de dez anos em processo de interação obsessiva profunda, muito além da subjugação estudada e classificada por Allan Kardec[1]. Literalmente, o corpo mental inferior de Estela estava colado ao perispírito de Igor.

Com a cirurgia, objetivava-se separar Estela e Igor.

Estela, que na atual reencarnação atravessava momentos de muita dor, seria socorrida de forma mais efetiva após a desvinculação dos corpos espirituais.

Na sala de cirurgia, após a limpeza, Igor foi conduzido à câmara holográfica, que lembra um pouco os aparelhos de ressonância magnética do mundo físico. Especialistas preparados e muito afetivos tomaram seus lugares em torno da câmara e enfiaram as mãos em luvas que estavam acopladas nas laterais do aparelho e que cobriam seus braços até os cotovelos.

Através de um vitral curvo que mantinha transparente toda a parte de cima da câmara, pudemos verificar que uma radiação de cor violeta clara começou a se expandir lá dentro, e os especialistas, devidamente protegidos pelas luvas, começaram a penetrar em cada um dos chacras de Igor utilizando agulhas do tamanho de uma caneta. Começaram pelo genésico e foram subindo até o coronário. Cada chacra recebeu assistência de aparelhos microscópicos, que, manejados pelas mãos dos hábeis técnicos, faziam um serviço minucioso de alinhamento e limpeza de cada um dos principais fulcros ou

1 O livro dos médiuns, capítulo 23, Editora FEB.

vórtices (redemoinhos) de energia vital que se encontravam em estado lamentável de enfermidade. Todo o processo, realizado cuidadosamente chacra a chacra, deveria durar aproximadamente duas horas.

Quando o alto da cabeça foi atingido, no coronário, pareceu ter sido aberto o segredo de um cofre e, instantaneamente, a figura de uma mulher saiu "de dentro" de Igor e deslocou-se, pairando uns trinta centímetros acima do paciente, na mesma posição em que ele estava deitado dentro da câmara holográfica. A figura, que flutuava, era o corpo mental inferior de Estela, que se mantinha completamente entranhado com o perispírito de Igor.

Nesse momento, enquanto olhava a segurança e o amor fraternal com que os médicos cuidavam da situação, pensei: "Ave Maria! Ali ficava clara a verdade da expressão 'vender a alma ao diabo'. Quem seria, afinal, o obsessor em um caso desses?"

Estamos lidando, aqui, com obsessões complexas, com cordões energéticos e é sobre isso que vou dar meus palpites de médico aprendiz.

Tudo corria muito bem. A cirurgia, apesar de complexa e meticulosa, desenvolvia-se sem embaraços, graças aos avanços tecnológicos. O processo de soltar ponto a ponto os cordões energéticos de cada chacra e de outros pontos adicionais era um trabalho repetitivo e paciente, havendo já se passado três horas.

Por comparação, imaginem duas pessoas atadas uma à outra, por fios finos, da espessura de uma linha de costura.

Esses pequenos filamentos partiam principalmente do chacra genésico e do cardíaco e rodeavam os corpos de Igor e Estela, dando várias voltas em torno de ambos, deixando-os colados como uma hera que se prende ao muro. Alguns fios chegavam a ter, no máximo, três milímetros de diâmetro, porém era impossível mensurar o comprimento. Vimos os médicos desenrolando esses fios, dando mais de quinze voltas com as mãos em torno dos corpos grudados. Nos dois chacras de maior concentração, os fios que os ligavam saíam deles num processo muito parecido com o crescimento dos cabelos no couro cabeludo.

Quando a cirurgia já estava acabando, ocorreu um imprevisto.

Os médicos estavam desconectando as amarras energéticas no chacra coronário, no qual havia a menor quantidade de fios energéticos, quando Igor, inconscientemente, se retorceu, como se sentisse uma dor profunda. No corpo mental inferior de Estela, que antes se mantinha ereto e rígido, a cabeça pendeu em direção à de Igor, como se o pescoço se alongasse do restante do corpo. Era como se ela quisesse voltar para "dentro" do obsessor.

Doutor Frederico, que coordenava a operação, parou por um instante e perguntou aos enfermeiros que monitoravam o caso como estava Estela no mundo físico. Constataram que ela ainda estava dormindo, pois eram sete e meia da manhã. Por solicitação dele, ela foi acordada por colaboradores da equipe presente em seu lar, pois isso ajudaria a distanciar o seu campo mental inconsciente e facilitaria a conclusão da cirurgia.

Dito e feito. Os servidores, que já haviam sido destacados para proteger Estela nas últimas semanas, a acordaram em sua casa no plano físico, provocando-lhe um susto. De imediato, a cabeça dela alinhou-se novamente ao corpo mental inferior na câmara holográfica.

Os últimos fios foram cortados, Igor foi retirado do equipamento, e o corpo mental inferior de Estela ficou completamente adormecido e inerte lá dentro. Ali permaneceria por mais alguns dias até que outras iniciativas que vinham sendo tomadas junto a ela no mundo físico pudessem ser concluídas.

Após a retirada de Igor, a câmara se inundou de uma coloração amarelo ouro bem forte, e notava-se claramente como os traços fisionômicos de Estela se recompunham cada vez mais. Era como se a matéria do corpo mental inferior se adensasse. Quanto mais tempo se passava do desligamento de Igor, mais a matéria tomava forma. A princípio, parecia apenas uma cópia tênue da fisionomia de Estela, no entanto, minutos depois da cirurgia, ela tomava contornos mais nítidos, embora ainda com um nível de densidade menor que a do plano espiritual onde me encontrava. Pouco a pouco, na medida em que o adensamento acontecia, aquele corpo de Estela descia dentro da câmara holográfica até repousar no acolchoado, ocupando o mesmo espaço antes ocupado por Igor.

Igor foi colocado em uma maca e levado à enfermaria especializada em pós-operatórios, que ficava no mesmo andar da câmara holográfica. Entretanto, ainda podíamos perceber que havia um fio mais grosso, que misturava a coloração violeta com amarelo ouro, conectando o coronário de Igor ao corpo mental inferior de Estela. Esse fio estava nítido a flutuar bem na frente de todos nós. À medida que a maca se afastava pelo corredor, aquele cordão foi ficando mais tênue até desaparecer de nossos olhos.

Diante de minha veia de cientista curioso, abordei o doutor Frederico com uma pergunta:

— E esse último laço, quando será cortado?

— Não será – respondeu direto e sem rodeios, do jeito que eu gosto.

— Posso saber a razão? – insisti no assunto.

— Doutor Inácio, esse é o cordão energético raiz, aquele que foi gestado pelos elos de amor entre Estela e Igor ao longo de centenas de anos. É obra de Deus que une as criaturas que se imantaram pelo sentimento divino do amor no universo.

— É o que prende Estela a ele?

— Não, meu caro colega. Ao contrário. Esse cordão é o altar que assinala as almas que exerceram a oração da amorosidade. Irradia-se pelo cosmo como uma aliança de libertação e honra diante da consciência.

O que os prendia eram aqueles fios que saíam dos chacras. Como o senhor pôde acompanhar, estão desatados parcialmente. É a parte tóxica dos chamados cordões energéticos. Pequenos apêndices que brotam como resultados do amor que tomou a direção do ódio e da mágoa e que os prendiam um ao outro. Por eles, as emoções inferiores tinham caminho livre. Enroscavam-se no cordão raiz, parasitando e perturbando a natureza das emoções nobres que um dia criou um elo sublime entre os dois.

Façamos uma comparação com a bomba sanguínea chamada coração. Pequenos filamentos, conhecidos como vasos capilares e artérias, trabalham para fazer o sangue chegar até onde o corpo necessita. Porém, é o grande músculo pulsante que mantém a vida em contínua ação. O cordão energético é o coração do processo de vínculos espirituais entre os seres humanos. Os pequenos filamentos que surgem nele são sementeiras do descuido e da invigilância que se formam como hospedeiros indesejáveis ao equilíbrio do sistema energético da criatura. São parasitas que agem como braços longos do egoísmo e do instinto predatório arquivado nas profundezas do inconsciente. Não será exagero comparar o papel desses filamentos a um entupimento na artéria do coração. Assim como o órgão requer uma ponte de safena para permitir o fluxo sanguíneo natural, igualmente o corte desses pequenos capilares etéricos libera os corpos sutis para funcionarem em harmonia.

Os cordões energéticos de amor e luminosidade podem ser agredidos por esses apêndices enfermiços, que se transformam em canais por onde transitam a matéria mental do rancor, da aversão, da disputa, da inveja, da mágoa, do ódio e de todo um conjunto de emoções tóxicas e prejudiciais, pertinentes aos conflitos de relacionamento entre pessoas que um dia nutriram algum nível de troca afetiva.

A afetividade, quando envolta em laços de respeito e carinho, bondade e compreensão, forma um entrelaçamento de luz que alimenta e revigora as pessoas que se amam. Esse entrelaçamento, de alma para alma, intensifica-se e se corporifica, energeticamente, na medida em que a convivência ganha intensos e profundos contornos de afetividade legítima.

Só se odeia quem teve antes uma construção de amor. Só tem laços destrutivos quem um dia se uniu por meio de trocas ricas de afeto sincero e gratificante.

Ficou compreensível, doutor Inácio?

— Muito claro, doutor Frederico. Suas informações são um estímulo ao meu conhecimento.

— Sinta-se sempre à vontade para participar de nossos serviços, independentemente de estar ou não acompanhando algum caso em particular.

— Farei isso, meu caro.

Após despedir-me do médico atencioso, regressei aos afazeres diários nas enfermarias do Hospital Esperança. O caso de Igor e Estela ainda exigiria muita atenção e devotamento de toda nossa equipe de assistência.

O dia passou rapidamente e, embora o trabalho consumisse minha atenção, não saía de minha mente a cirurgia daquele dia. Meus pensamentos fervilhavam a respeito da amplitude dos vínculos entre Igor e Estela. Ver de perto o resultado infeliz dos elos de rancor entre os dois dava muito o que pensar sobre nossas construções mentais. Era a colheita de uma semeadura de desamor. Minhas percepções se dilatavam através da avançada tecnologia das câmaras holográficas.

Mesmo já tendo ouvido claras referências aos serviços especializados em corpos espirituais sutis, nunca havia me interessado tanto pelo tema. Minha mente dava voltas e mais voltas em reflexões a respeito da relação entre doenças mentais, cordões energéticos e obsessões. Assim, passei aquele dia consumido por inúmeras reflexões.

Ao chegar o momento do descanso noturno, fiz algumas pesquisas sobre o tema. Entre os livros consultados, utilizei a obra básica de Allan Kardec e fiz anotações sobre a bicorporeidade. Das várias páginas esclarecedoras sobre o tema, destaquei:

> *Será indispensável o sono do corpo, para que o espírito apareça noutros lugares?*
>
> *A alma pode dividir-se, quando se sinta atraída para lugar diferente daquele onde se acha seu corpo. Pode acontecer que o corpo não se ache adormecido, se bem seja isto muito raro; mas, em todo caso, não se encontrará num estado perfeitamente normal; será sempre um estado mais ou menos extático.*
>
> Nota. *A alma não se divide, no sentido literal do termo: irradia- se para diversos lados e pode assim*

manifestar-se em muitos pontos, sem se haver fracionado. Dá-se o que se dá com a luz, que pode refletir-se simultaneamente em muitos espelhos.[2]

Logo em seguida, abri ocasionalmente Missionários da luz e li comovido o trecho no qual é destacado o amor de Deus em todos os recantos do universo:

> *A bondade divina é infinita e, em todos os lugares, há sempre generosas manifestações da Providência Paternal de Deus, confortando os tristes, acalmando os desesperados, socorrendo os ignorantes e abençoando os infelizes.*[3]

---

2 O livro dos médiuns, capítulo 07, item 119, 3ª pergunta, de Allan Kardec, Editora FEB..

3 Missionários da luz, capítulo 07, de autoria espiritual de André Luiz e psicografia de Chico Xavier, Editora FEB.

O cordão energético é o coração do processo de vínculos espirituais entre os seres humanos. Os pequenos filamentos que surgem nele são sementeiras do descuido e da invigilância que se formam como hospedeiros indesejáveis ao equilíbrio do sistema energético da criatura.

9

O socorro de pai João de Angola

O pensamento exterioriza-se e projeta-se, formando imagens e sugestões que arremessa sobre os objetivos que se propõe atingir. Quando benigno e edificante, ajusta-se às leis que nos regem, criando harmonia e felicidade, todavia, quando desequilibrado e deprimente, estabelece aflição e ruína. A química mental vive na base de todas as transformações, porque realmente evoluímos em profunda comunhão telepática com todos aqueles encarnados ou desencarnados que se afinam conosco.

André Luiz pela psicografia de Chico Xavier.
Nos domínios da mediunidade, capítulo 19.

Nosso acompanhamento no caso Igor-Estela se preenchia de medidas planejadas, ora no mundo espiritual, ora no mundo físico.

Na noite seguinte à cirurgia de Igor, Estela receberia, no plano físico, um tratamento muito oportuno devido ao enorme esforço que vinha realizando na melhoria de suas condições espirituais. Aliás, as medidas referentes à cirurgia em Igor só foram possíveis graças à sua nova postura.

Já fazia três semanas seguidas que ela, assiduamente, recorria aos serviços da Casa Espírita Caminheiros de Jesus ou, como era mais conhecida, Casa dos Caminheiros.

O passe e as reuniões de consolo aliviaram o clima mental de angústia e dor da jovem Estela. Naquela noite, tão aguardada por todos nós, ela seria assistida diretamente nas atividades mediúnicas de tratamento da saúde. Generosos e sábios guias espirituais que orientavam aquela agremiação do bem realizariam o socorro por vias mediúnicas iluminadas.

Faltavam quinze minutos para as vinte horas e já estávamos na casa espírita. Eu, Manoel Roberto e outros dois enfermeiros dedicados do Hospital Esperança acompanharíamos de perto o desenrolar dos acontecimentos. Depois dos cumprimentos aos amigos do lado de cá, passamos a observar o movimento das pessoas que chegavam à casa espírita no mundo físico.

Manoel Roberto, sempre atento, fez um sinal com a cabeça, fazendo-me olhar para a porta da humilde casa, e lá estava Estela. Ela parecia uma deusa de tão bela. Muito bem vestida, com um vestido cor de salmão, discreto e singelo, mas que, em função da beleza de quem o usava, mais parecia uma fina peça de ateliê francês. Quem olhasse aquela mulher tão bonita e bem aparentada não poderia imaginar a dor que carregava em sua alma. Olhando do mundo espiritual, podíamos notar claramente a enorme mancha marrom avermelhada no corpo astral da jovem, deixando evidente o desgaste e a ferida emocional que a atormentavam.

Mas ela estava lá, mantendo seu propósito de melhorar e repleta de esperança, apesar do sofrimento. Após pegar uma pequena ficha numerada, assentou-se e aguardou sua vez no tratamento.

Desloquei-me com os demais amigos para uma parte mais interna do centro, onde eram realizados os atendimentos mediúnicos.

Sérgio, um dos médiuns da casa, já estava totalmente mediunizado pelo amigo espiritual pai João de Angola.[1]

Pela primeira vez em sua vida, Estela falaria com uma entidade espiritual. Depois de devidamente informada que seria atendida por pai João, ela entrou, timidamente e meio assustada, na sala indicada. O afetuoso preto-velho, sem rodeios, lhe dirigiu a palavra:

— *Muzanfia*, qual é a sua graça?

— Meu nome é Estela.

— Que nosso senhor Jesus Cristo te abençoe, *muzanfia*.

— Amém, meu preto-velho!

— A *fia* fique bem à vontade, que aqui é uma casa de Deus e só fazemos o bem e buscamos a luz.

— Vou tentar relaxar, meu pai. Afinal de contas, eu preciso muito da sua ajuda.

— A *fia* é perseguida?

— Como assim perseguida?

— Perseguida pelos espíritos do oriente?

— Quem são os espíritos do oriente?

— Por que a *fia* procurou *nego*? - desviou propositadamente do assunto o preto-velho.

— Pai João, na verdade, eu acho que estava ficando louca quando cheguei aqui, há algumas semanas. Quem me

1 Autor espiritual da obra *Fala, preto-velho,* , pela psicografia de Wanderley Oliveira, Editora Dufaux.

olha por fora não imagina o inferno que está minha mente. Eu não tenho família, não tenho amor e perdi minha sanidade. Estou por um fio para me matar.

— O que a *fia* sentia?

— Eu tinha uma suadeira durante a noite e, enquanto estava dormindo, sentia uma dor no peito e a sensação de sufocamento. Parecia que eu ia morrer. Deitava, mas só conseguia dormir com o poder de remédio. Pouco depois, acordava e voltava tudo outra vez. Chegou a um ponto que passei noites em claro. Somente depois que procurei esta casa é que consegui um pouco de sossego.

— Sonhava muito, *fia*?

— Demais, pai.

— Com o quê?

— Ai, pai, nem quero falar sobre isso.

— Entendo, *fia*. As lembranças fazem doer o coração, não é?

— Isso mesmo. – Ela mal conseguiu falar essas duas palavras e engasgou com o choro contido na garganta.

— Fica calminha, *muzanfia*. *Nego* vai orientar tudo que a *fia* tem a *fazê*, mas vai ter que falar para desabafar.

— Preciso mesmo, meu preto-velho, porque não consigo continuar a viver assim. O senhor deve saber como me sinto.

— Sei sim, *fia* de Deus. Arrependida? – certificou-se pai João.

— Exatamente assim, pai João.

— *Nego* vai olhar a *fia*. Deita aqui nessa maca. - Estela, deixando escorrer grossas lágrimas, contendo o choro, deitou na maca em suspiros profundos.

— Será que tenho perdão? Vou conseguir vencer esse momento?

— Vai sim, *muzanfia*. Agora fica quietinha pra *nego* te *socorrê*.

— E o senhor vai me falar o que eu tenho?

— Sim, *muzanfia*. Fica calminha. *Nego* vai te olhar.

Pai João, usando de várias técnicas energéticas dirigidas aos chacras de Estela, fez uma limpeza de emergência e, a seguir, usando substâncias curativas de nossa esfera, aumentou a proteção da aura da jovem com extrato astral de folhas de manjericão e, com extratos etéreos de valeriana, sedou a moça. Imediatamente ela se acalmou e seu perispírito entrou em desdobramento natural.

Chegou nossa vez de agir. No plano astral, ao lado de onde estava a maca de Estela, outra maca se encontrava disposta com o seu corpo mental inferior, que foi trazido diretamente da câmara holográfica do Hospital Esperança, em condições especiais de segurança e sob cuidados médicos. Chegava o momento de imantar o perispírito e o corpo mental inferior da jovem. Tínhamos poucos minutos a nosso favor.

Primeiramente, com a ajuda dos técnicos que assessoravam o trabalho, o perispírito, como se fosse um escafandro, foi ajustado ao seu corpo mental inferior. Em seguida, à medida que Estela recobrava sua consciência, o próprio perispírito, por automatismo, puxava o corpo mental de Estela, ajustando os corpos com precisão até a integração total. Não se passaram sete minutos de operação. Tudo resolvido dentro dos propósitos esperados.

Quando terminou o tratamento, pai João retomou o diálogo.

— Como se sente, *fia* de Deus?

— Pai, parece que foi tirado um peso de mim. Estou me sentindo inteira. Há anos não sentia essa sensação de leveza.

— É, *muzanfia*. Na verdade, não foi tirado nada, e sim colocado o que faltava - e o preto-velho ria como sempre, buscando alegrar o ambiente.

— Pai, eu tenho alguma obsessão?

— A *fia* tá mesmo ligada ao espírito do oriente. Ele sim é seu obsessor.

— Pai João, por acaso esse espírito do oriente que o senhor está falando... Meus Deus! Agora que eu estou começando a entender. Ele é uma pessoa aqui no mundo físico?

— Isso mesmo, *fia*. Virou obsessor porque atormenta a *fia* durante a noite.

— O senhor está falando do...

— Do *fio* Takeshi.

— Pai João de Deus! Fala baixo esse nome. Como o senhor sabe disso? – falou sussurrando.

— Não sou eu quem sei, *muzanfia*, são seus anjos da guarda falando *pra nego*.

Estela não suportou. Colocou as mãos no rosto e teve uma crise tão grave de choro que teve de ser amparada por passistas, que a socorreram novamente na maca. Após tomadas várias providências e oferecido um pouco de água, foi lhe servida uma xícara de chá cidreira bem quente. Somente então o diálogo teve continuidade.

— A *fia* tá melhorzinha?

— Estou sim, pai João. Apenas chocada. O senhor pode me dizer algo sobre esse assunto?

— *Fia*, acho que *vosmecê* é quem tem algo para dizer pra pai João.

— Tenho muita vergonha, meu velho. Vergonha e arrependimento.

— *Nego* sabe, *fia*. Foi por isso que Jesus disse para ajuntar tesouros onde as traças não comem e nem os ladrões roubam.[2]

— O senhor sabe tudo mesmo. Impressionante!

— Não sei não, *fia*. Fala pra *nego véio* pra *fia* desabafar.

— Takeshi era meu marido e morávamos em Tóquio. Ele era um homem bem sucedido e confiava em mim. Os

2 Mateus 6:20.

primeiros cinco anos de casamento foram maravilhosos. Criamos laços de afeto sincero. Meu marido era muito limitado por questões de saúde, e sexo nunca foi de seu interesse. Casei sabendo disso, mas não suportei a prova. Em função do desejo mal atendido, eu o traí e fiquei grávida de outro homem. Ele saberia facilmente que o filho não era dele, e as leis daquele país não me favoreciam, pois eles tinham costumes muito diferentes e rigorosos com relação a esse comportamento. Passei a ser extorquida pelo homem do qual engravidei e, por isso também, fiz o aborto. Nunca mais tive sossego. Meu pensamento se alterou, minha sanidade se extinguiu e o amor acabou. Meu marido não compreendia o que acontecia e passou a ficar cada vez mais indiferente. Na minha loucura, limpei sua conta bancária com retiradas muito altas que fui transferindo para o Brasil e desapareci do Japão. Retornei para uma pequena cidade do interior de São Paulo e não deixei rastros para que ele me encontrasse. Eu também nunca mais tive notícias dele. Recomecei a vida com alto nível social, já que dispunha de muito dinheiro.

Mas minha vida se transformou por completo, pai João. Não sabia o que fazia, até que fatos estranhos começaram a acontecer um ano depois que cheguei ao Brasil.

— É ele o espírito do oriente, *fia*. Todas as noites atormenta a *fia*. Enquanto a *fia* tá acordada, no país dele é noite. Ele sai da matéria e atormenta a *fia* aqui no Brasil. Durante a noite é a *fia* quem vai atrás dele sob comando de um *fio* do além, chamado Igor, que é comparsa de Takeshi em serviços de magia contra a *fia*.

— Eu desconfiava disso. Sonhava com Takeshi todas as noites. Certo dia, esgotada pelas noites mal dormidas, dormi em plena tarde e vi dois cachorros enormes com cara de lobo no meu quarto e ele varando a porta fechada mandando os cães me pegarem. Acordei molhada de suor e fui parar no hospital com uma suposta crise de angina.

— Ele está cobrando, *muzanfia*. É o ódio, o amor envenenado do *fio*. Laços de amor que se transformaram em ódio, *fia,* só tem um caminho: o do perdão.

— E esse Igor quem é, meu pai?

— Ele seria seu filho.

— Ah, pai! Meus Deus do céu! E o que eu vou fazer agora? Estou me sentindo tão bem aqui sob seus cuidados, mas até quando vai durar isso? Tenho medo de voltar ao meu quarto e começar tudo de novo. Como conseguir o perdão, pai João?

— O *trabaio* já começou, *fia*. Igor já está se cuidando no Hospital Esperança, lá no mundo dos espíritos. Aqui estão presentes os médicos e enfermeiros que estão cuidando dele. Doutor Inácio, Manoel Roberto e outros trazem boas notícias sobre seu caso. A equipe do hospital está ativa e agindo em nome do amor para seu bem, *muzanfia.*

O nome dele é Igor desde outras vidas em que *fia* foi mãe dele, é um laço antigo do seu coração. Ele já está sendo assistido para que a *fia* tenha mais sossego. Agora *nóis* vamos fazer um *trabaio* para o *fio* Takeshi.

— E eu, o que faço?

— A *fia* está precisando de doutor da cabeça.

— Psiquiatra?

— Não, *fia*. Um bom psicólogo para cuidar de suas emoções.

— Eu acredito mesmo que estou precisando. São quinze anos desse roubo e não tive mais sossego. O que o senhor acha que eu tenho, pai João?

— Dor de arrependimento. Doença brava essa, *fia*.

Após orientar Estela, pai João chamou um membro da equipe de trabalhadores do centro e pediu que a encaminhasse a um profissional especializado que tivesse laços de afinidade com a Casa dos Caminheiros.

O caso caminhava rico de esperanças. Igor estava separado de Estela, e ela estava de posse de toda sua estrutura espiritual. De fato, não existe outra terminologia mais apropriada ao que aconteceu entre Igor e Estela: era um rapto de corpo. Ele, sob a assistência de falanges inferiores do mal – espíritos com largo conhecimento e tecnologia avançada –, providenciou o sequestro do corpo mental inferior da jovem.

Muitos casos de doença mental grave são acompanhados de situações similares. Esse é um capítulo muito interessante na Psiquiatria sob a ótica do espírito imortal.

Depois dos tratamentos, Estela foi ao Japão buscar Takeshi. Encontrou-o em uma casa de repouso praticamente desmemoriado pela idade e pela dor da lesão afetiva provocada por ela. Depois do roubo, ele não teve como se manter e adoeceu gravemente. Com apoio de autoridades japonesas, já que ainda eram casados legalmente, ela o trouxe para o Brasil, cuidando dele até a morte, que não demorou, dadas as suas condições precárias. Foi o início do processo de cura do arrependimento da jovem descuidada. Enterrar o marido, mesmo depois dos erros graves, aliviou seu coração. Takeshi, quando ainda encarnado e relativamente lúcido fora da matéria, foi perdoando sua esposa e amenizando também sua própria dor. Digamos que alguns meses de amor e atenção cobriram uma multidão de pecados.

Ela começou a superar seu arrependimento e já contava mais de cinquenta anos quando sua dor se extinguiu de todo.

Já que o assunto é cordões energéticos e fracionamento de corpos, ficava clara a união ou prisão de almas aos resultados de suas próprias criações. Estela manteve-se cativa de suas atitudes insanas diante do ódio do marido e do rancor de Igor.

Relembremos, porém, que nenhum de nós merece o pior. À luz do amor e do bem, somente a misericórdia, o perdão e o auxílio ao próximo traduzem a expressão da lei divina na nossa caminhada evolutiva. Por essa razão, houve o intermédio, que veio como um pedido direto de laços afetivos no mundo espiritual vinculados aos três protagonistas dessa história.

Um dos passos mais importantes para vencermos nossas tendências egoístas é assumirmos a responsabilidade sobre aquilo que plantamos no canteiro da vida. Mesmo que tenhamos de colher frutos amargos e espinhosos, é necessário acolhê-los com amor e dizer: "Sou responsável por isso. Assumo minhas atitudes e quero plantar novas sementes."

Devemos enfrentar nossas lutas no campo da vida com coragem, na certeza de que todos podemos nos perdoar pelos nossos atos.

Recomecemos plantando incessantemente sementes melhores e mais ricas de amor e paz. A vida nos responderá com entusiasmo e alegria para prosseguir.

Nunca será demais repetir e experimentar o sábio ensino de Pedro: *Mas, sobretudo, tende ardente amor uns para com os outros; porque o amor cobrirá a multidão de pecados.*[3]

O caso de Estela obteve excelentes resultados principalmente pela habilidade do doutor Frederico e de sua equipe na separação de corpos entre o algoz, Igor, e a sua suposta vítima, Estela. Ficam claras, nos casos de obsessões complexas, aquelas que podemos sem dúvida afirmar que estão além da subjugação. A tecnologia da câmara holográfica representou um avanço nos históricos da doença, permitindo melhores e mais alentadores resultados.

Doutor Frederico já havia retornado à sua colônia quando o caso Estela teve seu desfecho. Porém, mesmo à distância, fez questão de acompanhar detalhes das iniciativas levadas a efeito por sua equipe muito competente e fraterna que ainda permanecia no Hospital Esperança. Enviamos a ele notícias auspiciosas do encaminhamento do caso, o que lhe trouxe efusivas alegrias.

---

3 I Pedro 4:8.

10

Auto-obsessão: um diagnóstico esquecido

Este amigo, no fundo, está perseguido por si mesmo, atormentado pelo que fez e pelo que tem sido. Só a extrema modificação mental para o bem poderá conservá-lo no vaso físico; uma fé renovadora, com esforço de reforma persistente e digna da vida moral mais nobre, conferir-lhe-á diretrizes superiores, dotando-o de forças imprescindíveis à autorrestauração. Permanece dominado pelos quadros malignos que improvisou em gabinetes isolados e escuros, pelo simples gosto de espancar infelizes, a pretexto de salvaguardar a harmonia social. A memória é um disco vivo e milagroso. Fotografa as imagens de nossas ações e recolhe o som de quanto falamos e ouvimos... Por intermédio dela, somos condenados ou absolvidos dentro de nós mesmos.

André Luiz pela psicografia de Chico Xavier.
Libertação, capítulo 11.

Fazia minhas anotações atentamente a respeito de algumas ideias que gostaria de enviar ao mundo físico quando tocou o telefone. Só podia ser quem? Já fui logo dizendo:

— O que você quer, Manoel Roberto?

— Como o senhor sabe que sou eu?

— Quem poderia me chamar uma hora dessas, sabendo que tenho tantos afazeres?

— É urgente, doutor.

— Quando é que não é urgente com você, Manoel? A propósito, queria lhe fazer uma pergunta.

— Pois não, doutor.

— Por acaso, você acha que nós fomos criados juntos?

— Juntos?

— É. No mesmo instante.

— Não estou entendendo, doutor Inácio.

— Bom, deixa pra lá. Na verdade, o assunto faz parte de uma carta que estou respondendo a um leitor no mundo físico. Em outra oportunidade, te explico melhor. Fale logo, o que aconteceu?

— Marcondes entrou em coma.

— Aconteceu algo ao seu corpo mental inferior?

— Não tivemos tempo para checar. O senhor vem pra cá?

— Estou descendo para o subsolo do hospital imediatamente.

Ao chegar ao setor de confinamento, que ficava mais abaixo da ala dos espíritas, havia um burburinho no corredor. Era um salão dividido por biombos, muito semelhante aos setores de observação dos hospitais no mundo físico. Chamamos de confinamento não como sinônimo de isolamento, e sim de acompanhamento, porque ali os pacientes eram monitorados por aparelhos e profissionais 24 horas por dia. Havia, praticamente, um enfermeiro para cada dois pacientes.

Imaginem uma ala psiquiátrica lotada na qual aconteceu algo que chama a atenção. A cama estava rodeada de enfermeiros, que sentiam a gravidade do caso. Pedi licença aos curiosos - pacientes que também estavam no isolamento, mas já podiam ficar de pé e andar - e entrei no biombo de Marcondes.

Olhei para ele, ali, inerte, em estado de "quase morte", com seus sinais vitais comprometidos, parecendo um boneco de cera com seu corpo astral muito frio. Antes que pudesse fazer qualquer coisa, um dos pacientes que olhava a cena disse:

— É Satã que domina a mente dele. Ele precisa de Deus. Aleluia! Aleluia!

— E você precisa de eletrochoque, Maurício – disse eu ao paciente, nosso velho conhecido de outros tempos no protestantismo. Ele era um dirigente espírita que virou pastor da igreja evangélica.

— Eu tenho Deus no coração, doutor.

— Disso eu não duvido, mas Ele deve estar "dormindo" uma hora dessas, tendo em vista o seu estado, Maurício. E você ainda fica falando do Marcondes.

— O senhor fala isso porque não sabe o que habita em meu coração. Aleluia!

— Você tem Deus na mente, no coração... – ele nem me deixou terminar e começou a falar mais alto, convencido.

— Os espíritas são as ovelhas perdidas de Israel. Satã tomou conta desse homem, e ele vai morrer pela segunda vez para renascer nos pórticos do Senhor!

Eu aqui cuidando de um doente grave e tendo de aguentar outro mais maluco me atormentando! Mas, como nada acontece sem uma razão, foram me passando umas ideias pela mente, de forma que resolvi estender a conversa.

— Não posso discordar de você. Os espíritas podem mesmo estar sob essa influência. E você acha que pode fazer algo por essa pobre alma, Maurício?

— Leve-o para minha igreja.

— Não temos tempo para isso, criatura. Preciso de algo agora. Quer ajudar?

— Quem tem Deus sempre pode ajudar.

— Então me empreste essa sua fé. Venha cá.

Sem pensar duas vezes, resolvi experimentar a famosa lei de semelhante que cura semelhante, já experimentada com êxito em várias ocasiões aqui em nossas alas de doentes mais graves. Coloquei as duas mãos de Maurício sobre as orelhas de Marcondes, pedi para ele apertar e disse:

— Ele é todo seu, Maurício. Peça a Deus para curar as feridas na cabeça desse pobre coitado. Ore e busque essa dor de Marcondes para entregá-la a Deus.

— Deus, todo poderoso, nós, que tememos sua ira, rogamos com fervor pela treva que está na mente desse seu filho desgarrado e...

Ele não conseguiu dizer mais uma palavra da oração. Suas mãos pareciam ter se imantado involuntariamente à cabeça do enfermo, puxando uma matéria pegajosa e mal cheirosa como uma cola . Quanto mais força Maurício fazia para se desgarrar, mais ele se contorcia e absorvia a matéria que purgava intensamente. Ficou de olhos esbugalhados, avermelhou-se todo no rosto e, por fim, caiu ao chão como se tivesse recebido uma terrível entidade. Passou a falar aos brados:

— Sou um enviado e missionário da doutrina. Fui encarregado de unir os irmãos no ideal. O espiritismo veio para mudar os rumos do mundo! Veio para salvar a humanidade! É o Consolador! E nós, espíritas, somos a luz do mundo e o sal da Terra. Eu tenho uma enorme missão perante a vida.

A cena era de arrepiar. Maurício se contorcia no chão, como uma serpente se dirigindo à porta de saída do confinamento, e dizia:

— Vou sair. Preciso sair daqui e ir buscar minha alma que está na Terra. Preciso voltar ao meu grupo. Eles precisam de mim. Isso tudo é um sonho. Eu não pertenço a esse lugar.

Maurício ficou uns três minutos em completa "convulsão mediúnica" e depois desmaiou. Foi colocado em uma maca e levado ao seu leito. Nada demais. Quando acordar, ele estará mais lúcido do que antes. O que era ruim para Marcondes se transformou em cura para Maurício. É como fazer o soro antiofídico com o veneno da cobra. A energia destruidora que partiu de Marcondes funcionou como um desfibrilador energético na organização perispiritual de Maurício.

Fui então verificar o que aconteceu com Marcondes. Médicos e enfermeiros atentos já tomavam as providências habituais. Seus sinais vitais tiveram nítida e imediata melhora, as feridas em sua cabeça purgavam e, de cada uma delas, saíam pequenas larvas de cor esverdeada. Eram micro-organismos produzidos pela arrogância. Apesar do mau cheiro, nossos enfermeiros colhiam uma a uma essas larvas, atendendo ao sublime desígnio da criação de que nada se cria, nada se perde e tudo se transforma.

Esses micro-organismos foram devidamente acondicionados em tubos de ensaio, pois, posteriormente, vão virar remédios e vacinas para espíritos extremamente orgulhosos internados aqui no hospital. Não é brincadeira. É ciência avançada!

Vocês, médicos da Terra, quando chegarem aqui, preparem-se para entrar novamente na universidade e refazer todo o seu curso à luz do espírito imortal. A Química e a Biologia nesse plano são assuntos que vão requerer uma profunda reconceituação de princípios, quando estudados sob a ótica da Física Quântica. Aqui, doença é sinônimo de saúde que não está sendo bem usada.

Após verificar as condições do enfermo, determinei:

— Podem levá-lo daqui direto para a câmara holográfica. Tomem as providências necessárias.

Esse momento era muito importante para mim, pois esperei muito pela oportunidade de prestar socorro a Marcondes. A equipe do doutor Frederico o recebeu nas dependências de internação com acolhimento e carinho e, algumas horas depois, após minuciosos exames, chamaram-me para prestar informações adicionais. O médico chefe, doutor Rivaldo, esclareceu:

— Doutor Inácio, a situação é complexa e inspira cuidados urgentes. A ausência prolongada do corpo mental inferior, como é de seu conhecimento, causa danos aos tecidos do perispírito. A imunidade de Marcondes está baixíssima em função disso, e os departamentos de sua vida mental estão em pane incontrolada. As atitudes de Marcondes estão a um palmo da esquizofrenia. Ele permanece ainda em coma por meio dos mecanismos defensivos de seus órgãos perispirituais. Veja a sabedoria divina: se ele acordasse agora, não saberia onde se encontra.

Não dispomos de muito tempo. Nossas medidas para o início do tratamento necessitam de urgência. O rastreamento de seu corpo mental, ainda agarrado à entidade institucional no mundo físico, foi facilmente registrado pelo GPS da câmara holográfica. Não temos impedimentos marcantes que possam tornar impossível o resgate. Entre o perispírito e o corpo mental inferior de Marcondes, há uma linha de vínculos clara e livre à espera de nossa ação. Não há nenhuma obsessão ou componentes que agravem a iniciativa.

Agora, nossa equipe só depende de um plano de ação para que acompanhemos o resgate. O senhor pode tomar providências a respeito?

— Doutor Rivaldo, no mais tardar amanhã pela manhã, lhe darei um retorno sobre o planejamento daquilo que faremos.

Eu estava um pouco surpreso com meu desejo espontâneo em ajudar Marcondes. Na minha forma irônica de ser, pensei: "Isso é amor ou desejo que ele fique bom logo para nunca mais me dar trabalho?". Comecei a rir de mim mesmo. Loucos são bem assim, riem de si próprios.

A fala de Rivaldo a respeito do quadro de Marcondes ficou repetindo na minha mente. Não havia nenhuma obsessão nem outros impedimentos mais marcantes. Este é um diagnóstico sobre o qual muito me interessa discorrer: Marcondes tinha, na verdade, uma auto-obsessão.

No tempo em que atendi como médico psiquiatra no Sanatório Espírita Uberabense[1], vi diversos casos de difícil diagnóstico, que, só mais tarde, pude entender de forma mais ampla através das obras abençoadas de André Luiz por meio da psicografia de Chico Xavier.

O seguinte trecho da obra *Libertação*[2], citado na introdução deste capítulo, narra o caso de um investigador policial atormentado pelas lembranças de espancamentos e abusos no exercício da sua profissão. Ele era "atormentado

---

1 Trata-se de um departamento do Centro Espírita Uberabense (CEU), instituição fundada em 09 de janeiro de 1911. Por volta de 1917, Dona Maria Modesto Cravo, que tinha então um ano de casada com Nestor Cravo, teve a mediunidade desabrochada em meio a um difícil processo obsessivo. À época, ela e seu marido moravam em Belo Horizonte. Maria Modesto buscou ajuda de Eurípedes Barsanulfo, que a atendeu. Quando equilibrada, começou a trabalhar na casa dirigida pelo grande apóstolo de Sacramento. Mudando-se para Uberaba, engajou-se no CEU, no qual foi fundado, em 1919, o Pronto-socorro Bezerra de Menezes, que dava atendimento assistencial aos necessitados. Como havia muitos portadores de doenças psiquiátricas, foi cogitada a construção do Sanatório Espírita Uberabense, cuja inauguração se deu em 31 de dezembro de 1933, ocorrendo a fusão dessa instituição com o pronto-socorro. Dr. Inácio, quando encarnado, atuou como psiquiatra nesse sanatório.

2 Obra de autoria espiritual de André Luiz e psicografia de Chico Xavier, Editora FEB.

pelo que fez e pelo que tem sido", com um sentimento de que estava sendo perseguido constantemente. Na verdade, ele era perseguido sim, mas por si mesmo. Somente por meio de uma extrema modificação mental e sob amparo de uma fé renovadora ele se libertou.

> *Este amigo, no fundo, está perseguido por si mesmo, atormentado pelo que fez e pelo que tem sido. Só a extrema modificação mental para o bem poderá conservá-lo no vaso físico; uma fé renovadora, com esforço de reforma persistente e digna da vida moral mais nobre, conferir-lhe-á diretrizes superiores, dotando-o de forças imprescindíveis à autorrestauração. Permanece dominado pelos quadros malignos que improvisou em gabinetes isolados e escuros, pelo simples gosto de espancar infelizes, a pretexto de salvaguardar a harmonia social. A memória é um disco vivo e milagroso. Fotografa as imagens de nossas ações e recolhe o som de quanto falamos e ouvimos... Por intermédio dela, somos condenados ou absolvidos, dentro de nós mesmos.*

No Centro Espírita Uberabense (CEU), onde ingressei nas atividades de socorro espiritual e desobsessão, vi por inúmeras vezes pessoas buscando ajuda para suas tormentas espirituais. E qual não era a minha surpresa em ver Eurípedes Barsanulfo manifestando-se em nossas reuniões, pela psicofonia de Modesta, para falar sobre esse tema. Já naquela época, ele deixava claro que muitos dos que procuravam o centro precisavam, na verdade, do Sanatório Espírita Uberabense para cuidar de sua loucura pessoal. Da mesma forma, muitos dos que estavam internados no Sanatório precisavam, na verdade, do centro para cuidar de suas obsessões espirituais.

Com o estudo da literatura de Chico Xavier e a análise dos casos que fui acompanhando em consultório e ambulatório, ficava claro o processo de auto-obsessão como uma nova ordem de dores psíquicas e doenças espirituais. Nelas, o doente era o próprio agente de sua tormenta, originada em suas culpas do pretérito ou do presente e dinamizadas em suas emoções desgovernadas. Esse é um diagnóstico que precisa ser mais relembrado nos dias atuais, seja nos centros espíritas, seja pelos profissionais da saúde mental que investigam os dramas humanos à luz do espírito imortal. Ainda hoje, tais processos são muito acentuados e marcantes.

Marcondes, a despeito de suas ilusões e culpas, era um homem bom, bem intencionado e muito bem amparado. Fez muito pelo espiritismo e pouco por si mesmo, mas avançou, é bem verdade. Saiu dessa última existência melhor do que quando reencarnou. Todavia, ficou com inúmeras pendências que serviram de gatilhos severos para fazer entrar em erupção as velhas culpas e memórias tormentosas.

Não ficamos, como muitos imaginam, ligados apenas por fios invisíveis às nossas criações mentais. Em muitos casos, deixamos uma parte de nós presa a lugares, pessoas ou situações.

Era o caso de Marcondes. Seu corpo mental inferior mantinha-se agarrado às dependências do núcleo unificador que ele coordenou por décadas. Enquanto na vida física, ele construiu uma teia de fios energéticos que o manteve lá, tamanha a intensidade com a qual se entregou emocionalmente a esses vínculos tecidos por atitudes de apego, arrogância e orgulho.

É por essa razão que, em alguns casos, os familiares têm percepção, dentro de casa, de um membro da família já desencarnado. Em algumas situações, esse membro se apresenta imóvel e, em outras, em movimento. Nessa última condição, o corpo mental inferior alcança certo nível de autonomia, utilizando-se de programações mentais profundamente enraizadas no subconsciente, posto que foram exaustivamente repetidas por meio de costumes e hábitos condicionados ao longo do tempo. Mais uma vez, recordei o ensino do Mestre: *Porque onde estiver o vosso tesouro, aí estará também o vosso coração.*[3]

O tesouro de Marcondes foi o destaque, a atuação na instituição, os eventos, o reconhecimento pessoal advindo do fato de ele mesmo se perceber como valoroso missionário da doutrina.

E o que lhe sobrou? Em seu enterro, além dos familiares, estava presente apenas meia dúzia de companheiros que com ele se identificaram nos propósitos da unificação e que foram lhe prestar a últimas homenagens.

Os velórios são experiências ricas de aprendizado. É ali que ficamos sabendo o que o morto deixou para trás. No caso de Marcondes, dessa meia dúzia de companheiros, dois estavam efusivos com a possibilidade de lhe substituir no cargo, e os outros quatro comentavam sobre a grandeza espiritual de Marcondes, fazendo cogitações a respeito de qual lugar ele ocuparia em "Nosso Lar".[4] Um deles, de muito boa vontade,

3 Mateus 6:21.

4 Cidade do plano espiritual apresentada por André Luiz, pela psicografia de Chico Xavier, Editora FEB, na obra Nossa lar.

chegou até à viúva para abraçá-la e lhe dar os pêsames, ressaltando a angelitude de Marcondes, o que o fez escutar algo inesperado: "Meu marido tinha asas de anjo apenas para esconder os defeitos que vocês, espíritas, não tiveram que suportar, como nós, os familiares.". Marcondes não tinha sido um bom marido nem um bom pai, mas esse fato era desconhecido dos companheiros de doutrina.

Ave Maria, me lembrar dessas coisas! Isso me fez recordar de meu enterro, ao qual tive a bênção de assistir e no qual, embora com bem mais do que meia dúzia de espíritas, ouvi coisas do tipo: "Fumou até morrer!". Eu merecia ouvir isso, pois desencarnei com um baita enfisema pulmonar. O fumo fazia parte das minhas auto-obsessões. No fundo, foi sobre coisas como essas que dei as primeiras gargalhadas aqui no mundo espiritual, porque surpreendentemente havia uma multidão me esperando do lado de cá. Aliás, lembro-me bem que, quando vi tanta gente, perguntei à Modesta: "Dei tanto trabalho assim, para ter tanta gente a me socorrer?". E ela, delicadamente, me disse: "Não, Inácio, esses aqui são seus amigos de verdade!".

O tempo passou e vi que eram mesmo meus amigos verdadeiros. Talvez o único tesouro que tenha trazido daí do mundo físico para cá e que as bênçãos da mediunidade de Modesta me permitiram conhecer com antecedência.

Bom, voltemos ao ponto em que estava antes dessas confabulações.

Assim que doutor Rivaldo me ofereceu as informações sobre Marcondes, procurei imediatamente a Modesta para planejar o socorro.

— Modesta, precisaremos de um médium experiente para o resgate mental do Marcondes. Possivelmente, se não agirmos rápido, o caso pode se agravar. As tentativas infrutíferas das outras vezes ganham uma nova perspectiva, pois, além do novo momento vivido por ele, agora podemos contar com a ajuda da tecnologia holográfica.

— É, as duas tentativas recentes mostraram a inviabilidade de tentar socorrê-lo apenas com a ajuda de médiuns.

— Procuremos tomar todas as medidas possíveis e corrigir eventuais falhas ocorridas em outras vezes, como a escolha do dia para realizar esse socorro.

— Sim, Inácio. Você tem toda razão. No núcleo de trabalho onde Marcondes atuou, ocorre reunião pública na quarta e na sexta-feira e, com as emanações mentais dos encarnados, o ambiente fica mais insalubre à tal medida. Solicitarei às equipes de higiene que obtenham permissão para efetuar uma limpeza na aura da instituição e para que tenhamos a presença de vigias já a partir de sexta-feira à noite. Faremos o socorro assim que o Sol se puser, por volta das dezenove horas, no domingo. Nossas chances melhoram dessa forma.

— Estive também pensando em outra medida. Ocorreu-me mudar o médium. Gostaria de levar Antusa[5] dessa

5 Antusa Ferreira Martins nasceu em 19 de setembro de 1902, na cidade de Uberaba, e desencarnou em 20 de julho de 1996. Cooperou na farmácia de Eurípedes Barsanulfo até a desencarnação dele, em 1918. Tinha, então, 16 anos e retornou com seus pais para Uberaba. A notável médium passou a cooperar com a Dama da Caridade, Sra. Maria Modesto Cravo, na obra Pronto-socorro Bezerra de Menezes e na Comunhão Espírita Cristã, junto a Chico Xavier.

vez. Acredito que as características de sua mediunidade, muito similares às de Maurício, poderão facilitar e tornar mais eficiente o processo de puxar o corpo mental inferior.

— Pedirei a ela que faça um preparo especial para a ocasião. Aliás, que notícia você me dá de Maurício? Na semana retrasada, ele foi para o confinamento.

— Modesta, não fosse por ele hoje, nem sei o que seria de Marcondes. Vou lhe contar o que aconteceu.

Sempre com uma prosa da boa, detalhei para Modesta o ocorrido. Cogitamos também sobre o tema auto-obsessão no médium Maurício, que largou a mediunidade para se tornar evangélico. A conversa foi longe.

As providências foram todas tomadas para prestar o socorro a Marcondes. Muitos trabalhadores da mediunidade no plano físico estão acostumados a nos ver recorrendo às reuniões mediúnicas para amparar essa ou aquela alma em sofrimento. O que muitos deles ignoram é que, em alguns desses casos, o espírito que recebe amparo está longe do ambiente da reunião, permanecendo apenas o seu corpo mental inferior a receber os benefícios.

Estávamos diante de um tema extremamente palpitante da medicina vibracional e espiritual: auto-obsessão e cordões energéticos que vinculam pessoas a pessoas, a objetos, a lugares e a contextos históricos.

No domingo, nossa equipe, que cumpriria extenso programa naquela noite junto aos ambientes da sociedade terrena, dirigiu-se à entidade de unificação na cidade de Marcondes por volta das dezoito horas.

Modesta, Antusa, alguns soldados responsáveis por nossa segurança, parte dos enfermeiros integrantes da equipe do doutor Rivaldo e eu nos deslocamos em volitação.

Antes mesmo de entrar nas dependências da casa, fomos saudados por vigias que tomavam conta daquela parte do bairro nobre onde estava a organização espírita: um ambiente requintado, que retratava o exagero e os interesses de impressionar. Sempre questionei essa manifestação de grandeza.

Inicialmente, lá pelos idos de 1940, quando se fortaleciam institucionalmente tais grupos, Modesta e eu apoiamos de corpo e alma a iniciativa. Com pouco tempo, porém, o que foi criado para unir acabou sendo usado para controlar. Os primeiros traços de elitização do movimento já surgiram de forma mais acentuada em 1947.

Ali, naquele momento, olhei para as paredes daquela organização e lembrei-me de Jesus dizendo: *Vês estes grandes edifícios? Não ficará pedra sobre pedra que não seja derribada.*[6]

Entramos todos quando já começava a escurecer lá fora. Modesta dirigiu-se a Antusa, que colocou as mãos sobre os olhos e começou a falar:

— Vejo algo se movendo naquela mesa, dona Modesta – e apontou para uma enorme mesa de madeira maciça com 22 cadeiras em volta. – É um vulto e está assentado na cabeceira. Agora vejo mais claro. É um homem,

6 Marcos 13:2.

baixo, meio careca, sobrancelhas grossas e com um nariz grande.

— Ele nos vê, Antusa?

— Pelo jeito, não. Está conversando não sei com quem. Gesticula como se estivesse nervoso. Agora levantou, deu meia volta e assentou novamente.

— Antusa, abra os seus olhos e veja se é esse o homem que você vê nessa fotografia – Modesta mostrou a ela uma foto. Aliás, uma das razões de trazer Antusa era também pelo fato de ela não saber nada sobre o caso. Ela fez uma descrição perfeita de Marcondes antes de ver a foto.

— É esse mesmo, dona Modesta. Sem tirar nem pôr.

— E você vê mais alguma coisa na sala, Antusa?

— Vejo uma teia. Parece, assim, que tem os braços, a cabeça e todo o corpo como se fossem aqueles bonecos de marionete. São muitos fios finos.

— E até onde vão esses fios?

— Até o teto e nas paredes. Quando o homem levantou, parecia uma aranha dentro da teia. Ele acabou de levantar novamente e fez o mesmo: falou, deu meia volta e assentou. Parece que ele fica repetindo os mesmos gestos o tempo todo.

— Você consegue ouvir o que ele diz?

— Ele está nervoso com alguém e gesticula muito o braço. De repente, leva as duas mãos aos órgãos genitais discretamente. Parece sentir dor.

— Foi nesse lugar que se instalou a doença de Marcondes - falei.

— Antusa - disse Modesta, - procure se aproximar do lugar onde ele se encontra e, quando ele se levantar, saia com seu corpo mental inferior e puxe-o para sua organização perispiritual. Vamos, primeiro, nos preparar em clima de oração para não suceder o mesmo que das outras vezes.

— Sim, dona Modesta.

Após a prece, Antusa se aproximou de Marcondes com uma facilidade ímpar. Saiu do seu corpo perispiritual, deslocando-se com seu corpo mental inferior, buscou Marcondes pelo braço sem nenhum esforço adicional e, literalmente, o imantou em seu perispírito. Assim que procedeu a imantação, a médium, sem guardar muita consciência do processo, foi envolvida em segurança total pelos técnicos enfermeiros. Depois disso, eles usaram aparelhos apropriados para fazer o desligamento dos fios energéticos que aprisionavam o mental de Marcondes naquele lugar.

Dessa vez, os fios estavam rarefeitos, e tivemos maior êxito para deslocá-lo daqui. A sugestão da mudança de dia para o resgate, com total ausência do grupo de encarnados, alcançou pleno êxito. Conseguimos criar uma linha aberta para o auxílio de Marcondes, que sofria de um caso de auto-obsessão e cujos resultados infelizes de suas criações mentais inferiores o transformaram em escravo de suas próprias emanações.

Na última vez que tentamos socorrer Marcondes, o corpo mental inferior do dirigente atraiu com tanta intensidade os corpúsculos das emanações mentais do grupo encarnado que mais parecia um perispírito de alguém que ainda possuísse o corpo físico. Nos dias de reunião pública na casa, o corpo mental de Marcondes andava pela sala, falava, participava e se agitava. Fora desses dias, ele se acomodava sempre na mesma cadeira, repetindo a cena narrada por Antusa.

Teria muito mais a detalhar sobre o assunto, mas acho que isso já é o bastante para deixar muita gente de orelha em pé ou fazendo fofoca a respeito de minha insanidade. (*risos*)

Regressamos ao Hospital Esperança, levando Antusa "incorporada" e acoplamos o mental de Marcondes, que se encontrava em coma, dentro da câmara holográfica. Essas operações já foram descritas por mim no caso de Estela, sendo improdutivo repetir procedimentos que, vez ou outra, guardam algumas peculiaridades, mas no geral são muito parecidos.

A melhora de Marcondes foi imediata. Ele ainda permaneceria por mais três dias na câmara para que fossem feitas incisões de ajustamento de corpos e alinhamento dos chacras, procedimentos que seriam realizados pela equipe do doutor Rivaldo.

Após isso, Marcondes seria transferido novamente para a enfermaria comum, ala que ocupou quando chegou pela primeira vez ao hospital.

11

A desilusão de Marcondes

Há muitas pessoas que falam bastante em humildade, mas nunca revelam um gesto de obediência. Jamais realizaremos a bondade sem começarmos a ser bons. Alguma coisa pequenina há de ser feita, antes de edificarmos as grandes coisas. O Senhor ensinou, muitas vezes, que o reino dos céus está dentro de nós. Ora, é, portanto, em nós mesmos que devemos desenvolver o trabalho máximo de realização divina, sem o que não passaremos de grandes irrefletidos. A floresta também começou de sementes minúsculas. E nós, espiritualmente falando, temos vivido em densa floresta de males, criados por nós mesmos, em razão da invigilância na escolha de sementes espirituais. A palestra de uma hora, o pensamento de um dia, o gesto de um momento, podem representar muito em nossas vidas. Tenhamos cuidado com as coisas pequeninas e selecionemos os grãos de mostarda do reino dos céus. Lembremos que Jesus nada ensinou em vão. Toda vez que "pegarmos" desses grãos, consoante a Palavra Divina, semeando-os no campo íntimo, receberemos do Senhor todo o auxílio necessário. Conceder-nos-á a chuva das bênçãos, o sol do amor eterno, a vitalidade sublime da esfera superior. Nossa semeadura crescerá e, em breve tempo, atingiremos elevadas edificações. Aprendamos, meus filhos, a ciência de começar, lembrando a bondade de Jesus a cada instante. O Mestre não nos desampara, segue-nos amorosamente, inspira-nos o coração. Tenhamos, sobretudo, confiança e alegria!

André Luiz pela psicografia de Chico Xavier.
Os mensageiros, capítulo 35.

Passados poucos dias, nos quais acompanhei, por meio da equipe, os detalhes da melhora de Marcondes, resolvi visitá-lo para uma conversa informal. Logo que cheguei, já fui surpreendido por sua nova reação.

— Doutor Inácio! Ah, doutor! Como aguardei sua visita! – acreditem ou não, ele começou a chorar ao me ver. Levantou-se com dificuldade e me abraçou.

— Como vai, meu caro?

— Doutor Inácio, nem sei o que lhe dizer. Desculpe minha falta de modos. Se disser que estou bom, é mentira, mas parece que estou saindo de uma longa perturbação.[1]

— Definiu bem. É isso mesmo.

— Fiquei muito perturbado com tudo, doutor. É difícil abrir mão de conceitos arraigados e aceitar a realidade. Sinto-me bem melhor agora. Parece que havia algo dentro de mim, uma entidade mesmo, que me levava à compulsão de fazer, fazer e fazer. Uma hipnose da qual me livrei.

— O nome disso é auto-obsessão.

— Meu Deus!

— Existem muitos espíritas desencarnando com extrema dificuldade de adaptação à realidade da vida extrafísica.

---

1 O livro dos espíritos, de Allan Kardec, Editora FEB, pergunta 163: *"A alma tem consciência de si mesma imediatamente depois de deixar o corpo? 'Imediatamente não é bem o termo. A alma passa algum tempo em estado de perturbação.'"* E pergunta 164: *"A perturbação que se segue à separação da alma e do corpo é do mesmo grau e da mesma duração para todos os espíritos? 'Não; depende da elevação de cada um. Aquele que já está purificado se reconhece quase imediatamente, pois que se libertou da matéria antes que cessasse a vida do corpo, enquanto o homem carnal, aquele cuja consciência ainda não está pura, guarda por muito mais tempo a impressão da matéria.'"*

— Não deveria ser assim, não é, doutor? Minha sensação é de que não me adaptaria nunca a essa vida, tão parecida com a do corpo físico.

— Achou o quê? Que ia ficar chupando uva e ouvindo harpa? (*risos*)

— Nem tanto! O difícil é acreditar que aqui é tão igual ao que vivi na matéria carnal. Não esperava mais tanta coisa grosseira: comida, banho, doença... Até meu furúnculo na perna não sarou! Supus que me livraria da enxaqueca e até do desejo. Esperava encontrar Bezerra de Menezes e os grandes vultos do espiritismo.

— E deu de cara com doutor Inácio! É realmente muita decepção. A morte é uma caixinha de surpresas.

— Nada disso, doutor! Ainda bem que o senhor teve paciência comigo.

— Paciência com você? Ainda tem coragem de dizer isso? Não tive um pingo! Acontece que você tem bons amigos por aqui, que tiravam o "demônio" de dentro de mim, principalmente quando eu tinha vontade de desistir de você.

— Eu acredito, doutor! Estava dando muito trabalho. O senhor poderia ser claro comigo e me dizer o que eu tinha? Era só a perturbação da desencarnação, como dizia Kardec?

— Não era só essa perturbação, Marcondes. Você apenas continuou aqui a doença psíquica que já tinha na vida física.

— Qual?

— Esquizofrenia, delírio de grandeza, autoritarismo e... Quer mais uma?

— Fale, doutor!

— Ilusão.

— O senhor foi ao ponto. Todavia, confesso, doutor, que está difícil mudar isso. Sinto-me com alguma lucidez pela primeira vez desde os últimos anos da minha vida física até agora. Ver o senhor aqui e chorar, por exemplo; nem sei quando fiz isso pela última vez. Ter um pingo de sensibilidade nesse meu coração de pedra.

— É fácil tecer conteúdos filosóficos com a doutrina, meu caro. Muitos homens, como você, adoram a intelectualidade porque ela os distrai das culpas e dos monstros interiores que precisam ser domesticados. É mais fácil filosofar que estender a mão nos serviços do bem ou mudar hábitos. Francamente! Você se julga um missionário do espiritismo, um salvador das vidas alheias, e não consegue nem salvar a sua.

— Sou obrigado a reconhecer isso, doutor. A contragosto, mas reconheço. O que fiz nas outras encarnações para me sentir assim, doutor Inácio? O senhor pode me dizer?

— "Chutou o balde", como diz o dito popular. O problema não está no passado, homem!

— Não?

— Suas questões de adoecimento estão todas no presente, conquanto as raízes se percam nos tempos da evolução.

— Acaso terei feito algo tão grave assim nessa vida?

— Responda você mesmo. Há algo pelo que se culpar nessa última reencarnação de que você lembre?

— Que eu me lembre, não. Tive alguns erros, que, com o tempo, fui esquecendo.

— Eis o problema, Marcondes. Você supõe que esqueceu. No fundo, suas culpas dessa vida são como um pingo de água comparadas ao mar de seus desatinos em outras vidas. Entretanto, foi o pingo de água que derramou da taça de sua consciência já transbordante de remorso que lhe trouxe até aqui, a essa condição lamentável. Não é o que você fez lá atrás em outras vidas que pesa na sua consciência, é o que você continua fazendo que lhe arrasa e enlouquece.

— E o que eu continuo fazendo que é tão grave assim, meu Deus?

— Você não sabe viver sem perseguir, Marcondes.

— Perseguir? Eu não persigo ninguém, doutor!

— Quem tenta controlar a vida alheia para se sentir útil é um perseguidor. Persegue, com seu egoísmo, os objetivos personalísticos para satisfação própria. Perseguiu a família até que ela não tivesse alegria nenhuma ao seu lado; perseguiu a amante até ela se afundar na tristeza; perseguiu os companheiros espíritas que não compartilhavam seus pontos de vista; perseguiu os amigos até que eles aceitassem sua manipulação dos pensamentos; perseguiu os supostos adversários da doutrina e, principalmente, perseguiu você mesmo, fazendo-se de forte e tendo de manter uma máscara de homem íntegro e bom o tempo todo.

Nessa altura da conversa, Marcondes baixou a cabeça como se recordasse os episódios lamentáveis de sua caminhada. Eu não podia deixar aquele momento passar. Nunca o tinha visto tão acessível quanto agora e continuei.

— Está começando a se lembrar?

— Minha mente deu um mergulho no tempo.

— Lembrou-se de quê?

— De amigos espíritas da organização unificadora. A minha sensação é que saí de lá há apenas algumas horas. Parece-me que estava tão conectado a isso e agora...

— Agora você está pronto para olhar tudo isso de fora. Com outra perspectiva que não a do homem que acreditou nas ilusões de grandeza e importância pessoal na obra do Cristo.

— E como o senhor me explica as mensagens mediúnicas que recebi reforçando minha tarefa e minha missão junto à unificação? Eu tinha uma missão, doutor!

— É uma enfermidade o fato de alguns espíritas adorarem esse papel de missionários. Missão todos temos, meu caro. Você apenas errou no tamanho da sua. Supôs-se importante demais e assumiu aquilo que não conseguiria cumprir.

— Mas e as mensagens? Bezerra de Menezes me disse isso por meio de médiuns confiáveis.

— Esse é o problema dos orgulhosos. Recebem incentivos e consideram isso um endosso do mundo espiritual. A nossa maior missão, Marcondes, é conosco. Conseguir superar a força da vaidade e do nosso egoísmo é a maior missão a que podemos nos entregar durante a reencarnação. Tudo mais é apenas experiência para aprendizado e desenvolvimento das nossas qualidades eternas.

— O senhor acha que eu tinha um carma com o movimento espírita?

— Não, ao contrário. O movimento espírita é que deve ter um carma por ter pessoas como você e como eu. O movimento espírita é hospital para doentes rebeldes.

— Por que rebeldes?

— Rebelde é o doente que tem dificuldade ou que não quer aceitar sua doença.

— Qual doença, doutor?

— Soberba, prepotência, arrogância. Quer mais?

— Eu devo estar mesmo muito cheio de rebeldia, não é, doutor? Sinceramente, eu não consigo me ver assim. Não aceito!

— Pelo menos não está mais na crise e já reconhece que não aceita. Outros não querem nem papo sobre o assunto.

— Crise de quê?

— De alimentar suas fantasias de grandeza.

— Realmente, eu não consigo me ver como o senhor falou e estou com certo cansaço na alma. Desanimado, talvez. Querendo fazer coisas diferentes, as quais nem eu sei o que são.

— Isso se chama desilusão, meu caro!

— Desilusão?

— A morte das ilusões.

— E por onde começar, doutor Inácio? Por onde começar uma mudança?

— Usando o instrumento mais precioso do aprendizado da alma.

— Qual?

— A vassoura.

— O senhor é muito engraçado, doutor! Vassoura para quê?

— Para que serve uma vassoura?

— Limpar.

— Limpeza do passado, limpeza das culpas, limpeza das sombras, limpeza de ilusões. Vou lhe arranjar, na verdade, três novos instrumentos fundamentais de ocupação.

— Quais?

— A vassoura, o rodo e o sabão. Temos, hoje, dez faxineiros em dois turnos nessa ala. Substituiremos cinco deles e os mandaremos para outros locais. Vocês, os internos, assumirão esse trabalho de transformar o hospital em sua própria casa.

— Nossa!

— O que foi, Marcondes? Doeu ou não quer?

— Desculpe a franqueza, mas depois de tudo que fizemos pelo espiritismo no mundo físico, chegamos aqui para receber vassoura, rodo, sabão e ser faxineiro? Não seria mais justo a tribuna, o livro e o trabalho de esclarecimento?

— O remédio mais santo para os doentes rebeldes é o caminho da caridade.

— E a caridade que fiz pela doutrina não tem nenhum valor?

— Claro que sim. Teve um enorme valor para o espiritismo, mas para você...

— Para mim...

— Vai dar para pagar suas contas com médico, remédio, leito e outras despesas que você tem nessa casa de amparo. Mas é só isso!

— Pagar? Então...

— Sim, Marcondes. Embora tudo aqui seja feito com amor por parte de quem trabalha, não poderíamos supor que alguém venha parar nos leitos do Hospital Esperança sem uma razão justa em nome da misericórdia celeste. Você foi um homem bom e bem intencionado.

Tem seus merecimentos, e houve quem intercedesse em seu favor. A moeda do trabalho e da caridade é nosso melhor investimento depois que saímos da condição de paciente-problema e assumimos a condição de cooperador da obra de amor.

— Será que o que fiz então não foi caridade?

— Foi sim. Caridade pela doutrina. Você fez muito pela doutrina e pouco por você. Eis uma das maiores ilusões que está dominando os trabalhadores espíritas: a de julgarem que aquilo que fazem pelo espiritismo pode livrá-los, por automatismo, das sombras interiores. Mas a caridade da qual estou falando é com pessoas, com seres humanos, e não com a religião. É um grave engano ser exímio no uso da palavra e da filosofia no trabalho de divulgação doutrinária e não ser capaz de cumprimentar um porteiro na guarita. São os novos zelotes do espiritismo. Adoram eventos, palestras, tribunas, incenso, cargo, poder e vaidade e, quando vão para suas casas, em suas famílias, não há quem os aguente.

— Ave Maria! O senhor foi longe com essa. Acho que vou precisar pensar.

— Pense com a vassoura na mão. Pense esfregando sabão e passando o rodo. Inegavelmente, você foi bom para o espiritismo, porém, há quem não suporte sua conduta no mundo físico.

— Quem?

— É só fazer uma retrospectiva. Vamos, faça uma força e pense se alguém tem motivo para se queixar de sua conduta.

— Minha família?

— Se você está me perguntando, é porque não tem certeza. Lembra-se das nossas consultas?

— Ah, já sei! O umbandista pai Romualdo?

— Marcondes, você vai descobrir isso por você mesmo. Faça sua avaliação. Não é meu papel ser sua consciência. Há muito a ser descoberto por meio do trabalho.

Trabalhar em favor do semelhante é como quebrar a concha do egoísmo. Cooperar com a penúria do outro, em verdade, beneficia a nós mesmos, fazendo-nos sentir mais úteis e valorosos.

Para alcançar seus fins superiores e curativos, porém, esse trabalho necessita ser acompanhado pelo contato com a penúria pessoal, com as nossas próprias imperfeições.

Primeiro, é preciso sair de si em direção ao próximo, para depois, em etapa mais madura, voltar a si com mais consciência das sombras e qualidades. Assim conquistamos uma relação de amor próprio. Basicamente, o autoamor nos motiva ao relacionamento com nós mesmos, pois não mais amaremos por carência ou para nos sentirmos úteis ou valorizados. Amaremos porque esse amor nos devolverá o melhor que temos em nós próprios.

Conseguir superar a força da vaidade e do nosso egoísmo é a maior missão a que podemos nos entregar durante a reencarnação. Tudo mais é apenas experiência para aprendizado e desenvolvimento das nossas qualidades eternas.

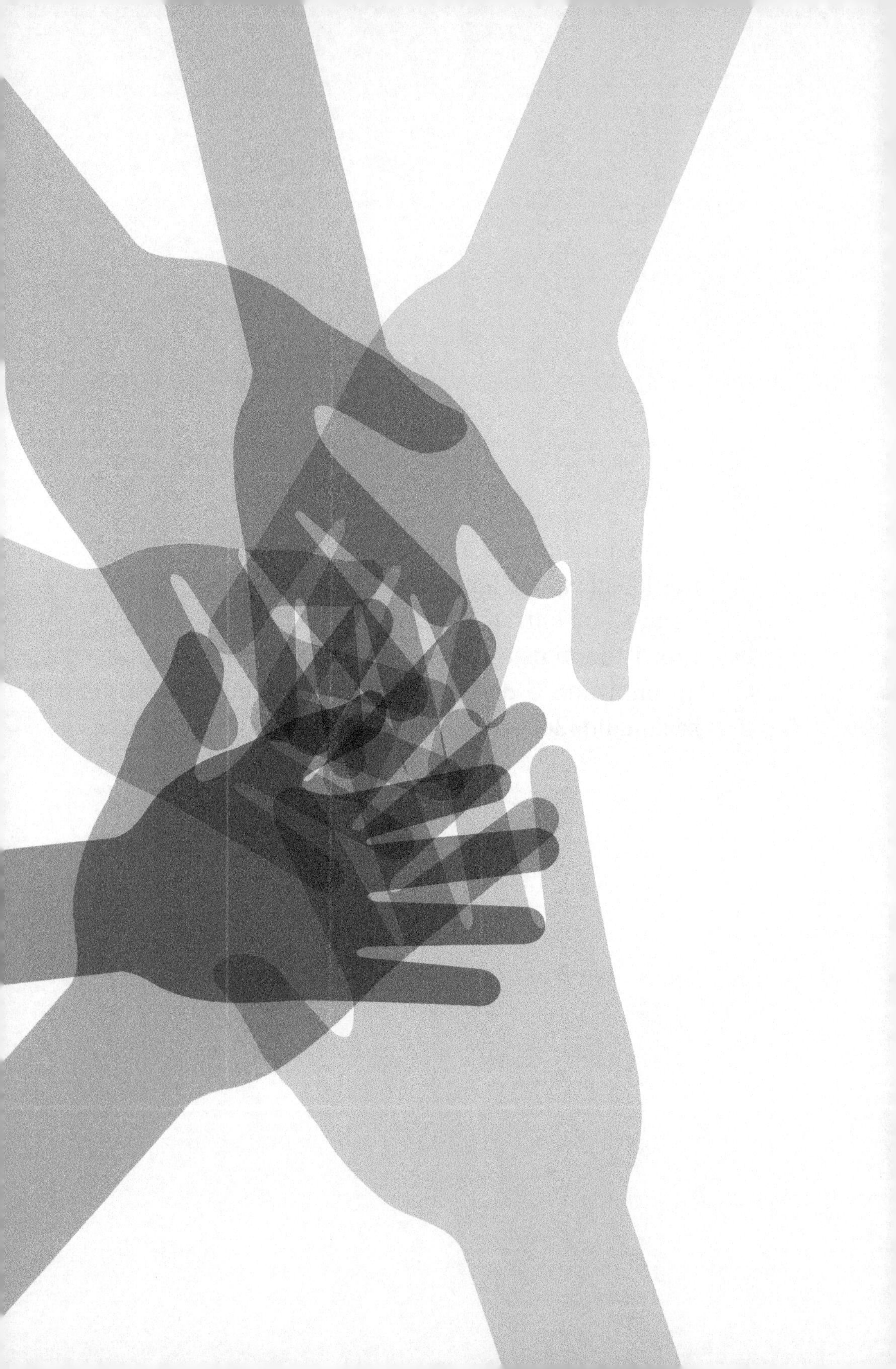

12

Na escola do Evangelho

É preciso muito esforço do homem para ingressar na academia do Evangelho do Cristo, ingresso que se verifica, quase sempre, de estranha maneira – ele só, na companhia do Mestre, efetuando o curso difícil, recebendo lições sem cátedras visíveis e ouvindo vastas dissertações sem palavras articuladas.

André Luiz pela psicografia de Chico Xavier.
Nosso lar, Mensagem de André Luiz..

Continuando minha conversa com Marcondes no processo de sua recuperação, ele me disse:

— O senhor é muito inteligente, doutor Inácio!

— Eu não me vejo assim. Inteligência não é muito a minha praia!

— Eu nunca havia pensando por essa perspectiva.

— Eu sei disso. Quando nos aprisionamos a visões pessoais do espiritismo, não permitimos ao nosso campo mental ampliar os horizontes sobre a vida, suas leis e nossas relações com tudo que foi criado à nossa volta no universo. Expressamo-nos, então, com nosso tamanho real muito aumentado pelo ego, vivendo como prisioneiros de nossas ilusões egoísticas.

— Doutor, apesar do que fiz, o senhor acha que teve algum valor os meus esforços pela divulgação do espiritismo?

— Claro que sim.

— Por que não tive a chance de conhecer entidades de unificação aqui no Hospital Esperança? Elas existem?

— Existem sim. Você não suportaria conhecê-las por agora.

— Por qual razão?

— Porque é preciso muita consciência do compromisso com a causa do Cristo para conseguir acompanhar os métodos de trabalho e a visão filosófica que orienta tais agremiações por aqui.

— São tão diferentes assim?

— Muito.

— Basicamente em quê?

— Na conduta da fraternidade legítima com os diferentes e suas diferenças, algo que, infelizmente, não é realizado pelas entidades de unificação no mundo físico, com algumas exceções. A título de unificação, as entidades no mundo físico costumam ser mais discriminatórias e preconceituosas. Já aqui no hospital, elas são universalistas e orientadas por pessoas de extrema alegria e satisfação. Não são dirigidas apenas por pessoas de boa vontade e que amam o espiritismo, mas também por pessoas humanitárias, que, além de tudo, amam escutar e prestigiar o modo pessoal de cada pessoa, respeitando como cada uma enxerga, sente e aplica o espiritismo em sua vida.

— São tão abertas assim?

— Mais do que você possa imaginar.

— Poderei conhecer, um dia, essas organizações?

— Com a maior certeza. Mas, primeiro, muita vassoura, sabão e...

— Rodo – completou o dirigente já em tom de brincadeira, o que, aliás, me deu motivação para continuar a conversa.

— Estou gostando de ver, Marcondes! Um pouco de humor costuma ser o primeiro passo da melhora de muita gente orgulhosa.

— O senhor consegue mexer comigo, doutor.

— Não foi essa a minha intenção.

— Aproveitando nossa conversa, o senhor poderia me dizer os benefícios que o trabalho de unificação trouxe para a doutrina e para a comunidade espírita?

— Foram muitos, é inegável! Tanto para a doutrina como para a comunidade espírita. Porém, para os que a dirigem, já não posso dizer a mesma coisa.

— Do jeito que o senhor fala, parece que nós, os unificadores, estamos em maus lençóis e que não fizemos nada que tenha valido a pena.

— Nem todos. Apenas uns 98% estão nessa situação – e Marcondes riu da minha ironia. Acreditem! Marcondes rindo das minhas brincadeiras!

— Afora a brincadeira da porcentagem, é preciso assinalar com seriedade que, graças ao esforço das organizações unificadoras, inspiradas no trabalho lúcido de Chico Xavier, a maior conquista para a doutrina foi conectá-la solidamente à mensagem do Evangelho de Jesus. Espiritismo sem Evangelho é porta sem chave. Esse resultado foi profundamente positivo, embora os que lutaram por esse ideal de zelar pelos princípios da doutrina nem sempre conseguiram absorver em suas próprias vidas a mensagem cristã.

A maior distração dos unificadores à luz do Evangelho foi a lastimável separação entre o ideal e a vivência da humanização. Ao levantarem a bandeira da unificação com compromisso e destemor, muitos se esqueceram de que a unificação é para ser vivida uns para com os outros. Iludidos, formaram grupos de pensamento cujas formas de agir para defender ideias e propostas acabaram por incentivar a intolerância e a segmentação, oficializando a exclusão e o conflito improdutivo.

— Doutor, passou uma coisa pela minha mente.

— Fale, homem!

— Me senti muito mal com a sua colocação. Muito mal a meu respeito.

— Deve haver algum motivo para esse mal-estar, concorda?

— Eu até concordo. Entretanto, sendo bem sincero, não consigo entender.

— Acho muito natural que, para alguém em fase de desilusão, você passe por essa dificuldade de autopercepção.

— Por que tenho tanta dificuldade para mudar e aceitar minha condição?

— Você errou na aplicação da inteligência, Marcondes. Vencer a soberba do saber é bem mais difícil. Quando erramos pelos sentimentos que carregamos, a própria dor do arrependimento movimenta nossa caminhada. Em contrapartida, quando erramos pela inteligência, construímos na mente uma pedra de gelo sem o calor do coração para derretê-la. O orgulho desmedido do saber é um dos males que mais nos afasta da mudança de comportamento. Essa prepotência congela o coração e não abre passagem para a necessidade de mudança. Somos de uma geração de espíritas que caem pela valorização excessiva do saber. Fomos "cabeças de gelo", arrotando santidade espiritual por onde passamos nos últimos milênios de nossa caminhada. Não será de uma hora para outra que conseguiremos, legitimamente, aceitar nossa condição falível, insignificante e enferma perante nossa própria consciência.

— Somos?

— Sim, somos.

— Por que somos? O senhor não é. Usa o "somos" para me consolar?

— Não, Marcondes. Eu também pertenço a esse grupo. Quem não me suporta hoje com essa minha lábia franca, por vezes até áspera e mal-educada, não sabe como eu era quando na vida física.

— É mesmo, doutor Inácio? Pare com essa humildade, doutor.

— Não é humildade.

— Como não? O senhor está colaborando nesse hospital, e eu, por minha vez, só estou dando trabalho. O senhor está muito à minha frente.

— O fato de estar colaborando não me coloca à frente de ninguém. Ai de mim se não tivesse minha vassoura, meu rodo e meu sabão. Entretanto, deixei muitas inimizades em Uberaba, minha terra natal na última encarnação. No centro espírita, era turrão, e os espíritos sofriam um bocado comigo. Minha salvação foi ter uma médium como Maria Modesto Cravo do meu lado, que quase cumpria um papel de mãe na minha vida. Ela passou muito aperto por causa de meu temperamento.

— Mas hoje o senhor é um mentor. Envia mensagens e ensinos para o mundo físico.

— Onde você aprendeu esse conceito pobre de mentor?

— Ora, acho que se um espírito chega a esse ponto, é porque já evoluiu.

— Não é o meu caso. Escrevo porque é extremamente necessário e porque me deram essa oportunidade. Se, por agora, tivesse uma escolha, talvez até parasse, tamanhas as polêmicas em torno de minha escrita. Mas agora que já tenho "fã clube" de gente doida igual a mim no mundo físico, não vou parar tão cedo. Não estou melhor do que ninguém nem quero que pensem isso de mim. Adoro ser considerado um caipira do além; isso para mim já está ótimo. Escrevo, também, para manter minha ligação com as bênçãos do centro espírita. Hoje, tenho a oportunidade de estar em vários deles porque me buscam e contam com minha colaboração fraterna. Para lhe ser franco, estou pensando seriamente em fundar uma "falange". (*risos*)

— Ah, o centro espírita! Acho que deveria ter dado mais importância às tarefas de lá. Com tantos eventos e formalidades no movimento, acabei dando pouco de mim ao centro. Tive oportunidades de trabalho no centro de segunda a segunda. Se tivesse priorizado essas chances, não estaria tendo os problemas que tenho hoje.

— Pode ser que sim, pode ser que não.

— Explique, por caridade, doutor.

— Olhe para o centro espírita como uma escola e como um hospital. Quem passa mais tempo na escola é o aluno que mais necessita de reforço nas lições, e quem passa mais tempo no hospital é o doente que necessita de maiores cuidados com sua enfermidade. Passar tempo demasiado no centro espírita, comprometido com tarefas e eventos, estudos e orações, necessariamente, não é sinônimo de grandeza espiritual. Ao contrário, para a maioria de nós, é um indicador preciso de que, como alunos ou enfermos, estamos carentes de orientação e de remédio para nossas próprias necessidades espirituais. Os mais devotados e envolvidos com as atividades no centro espírita podem ser também os portadores das maiores necessidades no reino da alma; falando rasgado, são "gente quase boa". (*risos*)

O centro espírita é a enfermaria da alma. Nós, que orientamos suas atividades, somos os doentes quem têm um pouco mais de esclarecimento sobre a natureza das enfermidades espirituais e morais, as quais foram a razão para pedirmos uma vaga à frente das tarefas e nos tratarmos nesse ambiente de educação e recuperação. O trabalhador espírita que se julga curado é o doente em piores condições. É verdade que, depois de algum tempo, a vida nos promove, mesmo com tantas enfermidades a curar, à condição de realizar algo útil e produtivo em nosso favor e em favor de outros também. Mas é aí que mora o perigo.

Quando o trabalhador começa a realizar e a produzir, os monstros do orgulho e da invigilância abrem o edital para preencher vaga no campeonato da vaidade. A nossa cura começa realmente a acontecer quando repercute diariamente nas nascentes do coração a necessidade pulsante da mensagem de Jesus. Não basta "saber" espiritismo, é preciso sentir a sua mensagem e a necessidade de termos Jesus em nossa vida. Centro espírita sem Evangelho é corpo sem alma, sendo apenas mais uma arena de discussões filosóficas para nos distrair dos verdadeiros propósitos de iluminação interior.

Somente quando esse clarão de consciência passar a dominar nossa vida emocional – e isso é um processo individual e intransferível –, poderemos dizer que o centro espírita tornou-se um ambiente genuíno de libertação espiritual para nossa alma.

— O senhor acredita então que, mesmo que me dedicasse ao centro, eu não mudaria muito com relação às minhas dificuldades interiores?

— A questão não é estar no centro ou em outros núcleos de trabalhos espíritas. O que importa é como olhamos para ambos. Se você os examina como oportunidades de trabalho, o avanço é garantido. Por outro lado, se neles encontra degraus para o reconhecimento pessoal, a porta das quedas se abre graciosamente para você.

— Bom, parece que, pelo fato de não ter ido para o inferno, eu posso dizer que...

— Marcondes, desiluda-se. Aqui também se pode perceber o inferno, dependendo de como você observa o triste estado no qual os pacientes chegam aqui. Não tem coisa pior do que presenciar tamanho sofrimento como vemos num hospital como esse, onde só encontramos seguidores de Jesus com a mente e o coração completamente desestruturados após a morte, tendo perdido mais uma vez a oportunidade de convivência mais estreita com Ele. O inferno que conhecemos, com todas as suas labaredas e outras punições, pode ser bem melhor!

— Doutor Inácio!

— Estou mentindo?

— Não, o senhor está certo. Eu sentia-me no inferno até alguns dias atrás, tamanho era o meu desajuste quando cheguei aqui. Aliás, acho que estou assim há longo tempo. Parece-me que apenas colho o que plantei, não é?

— Inegavelmente. Você está aqui do mesmo modo que saiu do mundo físico. Sem consciência lúcida, sem um ideal que expresse posições mais elevadas para seu espírito, sem rumo e sem amigos leais.

— Creio que fiz por merecer.

— São leis eternas, meu caro. Quando não queremos optar pela solidão educativa no serviço transformador com o Cristo, experimentando o testemunho individual e intransferível em direção aos anseios evolutivos, somos obrigados a experimentar a solidão torturante nas grades da rebeldia.

Relembremos a fala de André Luiz:

> "É preciso muito esforço do homem para ingressar na academia do Evangelho do Cristo, ingresso que se verifica, quase sempre, de estranha maneira - ele só, na companhia do Mestre, efetuando o curso difícil, recebendo lições sem cátedras visíveis e ouvindo vastas dissertações sem palavras articuladas."

Ao longo de nossa caminhada, tentamos corromper a ordem natural da nossa evolução e usamos as manifestações do ego das mais sofisticadas maneiras para impressionar, convencer e controlar, exercendo uma verdadeira colonização do pensamento alheio. Tudo com um único objetivo: amenizar a sensação de solidão e de desvalor pessoal.

Após a morte, a consciência nos abre o panorama da realidade, e só então percebemos que tudo não passou de uma miragem, porque não é garantido a nenhum filho de Deus ter propriedade sobre a vida alheia. O saldo no mundo espiritual é este, que você já bem conhece: perturbação, dor e loucura.

Retome seu caminho, Marcondes, ingresse na escola transformadora do Evangelho de Jesus. Ele continua esperando a sua reconciliação com Deus. Procure a autoridade íntima e invisível do conhecimento que o conduz ao crescimento e ao desenvolvimento da própria consciência, a fim de que novos e mais esperançosos dias lhe abençoem a caminhada na luz e na cura.

— Marcondes emudeceu ante minha fala. Eu podia perceber que de seus olhos deslizavam lágrimas de dor. E, para não sobrecarregá-lo, senti que era hora de encerrar a conversa.

— Bom, é isso. Fico feliz em vê-lo disposto, mesmo que no "inferno". Tenho que ir agora, Marcondes.

— Posso fazer um pedido ao senhor?

— Claro, peça.

— O senhor pode acelerar a minha oportunidade ao trabalho?

— Sua vassoura, seu rodo e seu sabão já estão separados. Para ser sincero, não vim aqui apenas bater papo. Vim lhe trazer isto: tirei do bolso do jaleco uma carta-convite e entreguei ao dirigente.

— O que é isso, doutor?

— Esse convite representa seu ingresso na nova etapa de atividades junto ao Hospital Esperança. Amanhã, um grupo de cem novos trabalhadores ouvirá a palestra de Modesta com as orientações a respeito dessa oportunidade de serviço e aprendizado e todos serão promovidos imediatamente às responsabilidades de limpeza e organização no hospital.

— Sobre o que ela vai falar?

— Vindo de Modesta, nunca sabemos o que vai ser dito. Seja o que for, vale a pena ouvir as palavras que vêm da sua boca iluminada. Eu peço aos enfermeiros para te chamarem na hora certa. Até breve!

— Até breve, doutor Inácio, e obrigado por momentos tão ricos para minha reflexão. No fundo, por alguma razão ainda não muito clara para mim, fizeram-me muito bem.

Aqui iniciava um novo momento para Marcondes. O trabalho, o esclarecimento e a bênção da caridade seriam os remédios adequados para a sua recuperação.

Saí da conversa com uma sensação de bem-estar. A paciência, que não tenho e consegui aplicar durante um longo tempo com Marcondes, trazia os primeiros frutos para ele e, igualmente, para mim.

São experiências como essas que atenuam minha sensação de frustração com quem sou. Pensava comigo: se Deus já consegue fazer algo tão bom através de mim, estando eu ainda tão limitado, o que não poderá fazer quando eu me tornar quem gostaria de ser!

13

PALESTRA DE DONA MODESTA:

Ao encontro da consciência

Ao espiritismo cristão cabe, atualmente, no mundo, grandiosa e sublime tarefa.

Não basta definir-lhe as características veneráveis de Consolador da humanidade, é preciso também revelar-lhe a feição de movimento libertador de consciências e corações.

André Luiz pela psicografia de Chico Xavier.
Missionários da luz, prefácio de Emmanuel.

A palestra de Modesta, marcada para a tarde do dia seguinte à minha conversa com Marcondes, foi preparada para os cem novos trabalhadores. Estavam presentes Manoel Roberto, irmã Valéria, a equipe do doutor Frederico – que cumpria a última semana de serviços no hospital –, vários técnicos que acompanharam de perto os demais casos dos pacientes ali presentes, Modesta e eu. A assembleia era composta por, aproximadamente, trezentas pessoas.

Havia cem unidades do livro *Missionários da luz*[1] na mesa. Seria, simbolicamente, o diploma para aqueles novos trabalhadores. Estudos, meditações e orientações a respeito das novas atividades seriam sempre inspirados nos ensinos benditos dessa obra de André Luiz.

Fizemos a oração e passamos a palavra à Modesta, que começou a falar nitidamente com a voz embargada:

— Meus filhos, abençoe-nos o Senhor da vida, nosso Mestre Jesus.

1 Obra de autoria espiritual de André Luiz e psicografia de Chico Xavier, Editora FEB.

Nesse momento tão glorioso, separei um pequeno trecho desse livro de André Luiz para inspirar nossas reflexões. O benfeitor assevera:

> *Ao espiritismo cristão cabe, atualmente, no mundo, grandiosa e sublime tarefa.*
>
> *Não basta definir-lhe as características veneráveis de Consolador da humanidade, é preciso também lhe revelar a feição de movimento libertador de consciências e corações.*

Reunimos vocês aqui para examinarmos, no clima da mais pura fraternidade e amor, a extensão do que vos aguarda na vida extrafísica. Em sua maioria, vocês são recém-desencarnados com necessidades e experiências similares.

Vocês próprios foram os mais prejudicados com a distração a que se entregaram nas atividades da doutrina enquanto encarnados, destacando as características luminosas da doutrina sem se beneficiarem dessa luz em favor de sua própria libertação. Estiveram mais ocupados com a expressão exterior do que com a essência.

Está longe de nós o intuito de julgá-los. Estamos aqui para dizer-lhes, com a clareza necessária, que a vida sempre nos convida ao recomeço em bases novas.

Vocês receberam das equipes do Hospital Esperança o carinho e o acolhimento que sempre manifestam a bondade divina em nosso favor.

Inácio Ferreira, que assistiu de perto boa parte dos casos aqui presentes, sempre diz que libertar a consciência significa aquecer o coração, de forma que o fogo dos sentimentos nobres possa derreter o gelo da soberba cultural que tomou conta da mente. Vocês erraram pela inteligência, e nós aqui os reunimos para lhes oferecer a oportunidade de reeducação com o trabalho redentor, dando-lhes condições para colocarem lenha na fornalha do coração tão sofrido. Com o trabalho humilde, anônimo e despretensioso, todos poderemos derreter as pedras da prepotência, do orgulho e da vaidade rumo a dias mais libertadores.

No planeta Terra, nos aprendizados durante a reencarnação, são raros os que conseguem romper a carapaça das ilusões. Graças a Deus, a atividade de crescimento espiritual não cessa também do lado de cá.

Vocês equivocaram-se, é bem verdade, mas não devem se sentir fracassados. Sintam-se, ao contrário, como aqueles doentes que apenas permitiram o agravamento de seus próprios padecimentos, sendo justo que agora, sob a angústia da desilusão, possam agilizar as mãos para remanejar a lenha seca das imperfeições e, com o fogo purificador do bem ativo, ajustar seus centros mentais ainda um tanto perturbados pela dor e pelos desatinos contra a própria consciência.

A pedagogia deste hospital, por inspiração do benfeitor Eurípedes Barsanulfo, é a esperança. E, além de trabalho e oportunidade, foi a esperança em dias melhores que viemos lhes trazer.

Aqui, vocês vão conhecer de perto o movimento espírita libertador de consciências e corações. Aprenderão a sublime arte de ouvir a consciência por trás dos véus do ego, que lhes entorpeceu a percepção e enregelou a sensibilidade.

Espíritas! De onde viemos? Quem de nós assevera amar o Cristo e não lhe absorve a lição áurea na atitude de amar?

Discursamos há milênios sem renovar o proceder. Estivemos nas melhores posições de destaque nos círculos educativos da religião, no entanto aqui estamos! Mendigos da alma em busca de uma migalha de paz e, mesmo assim, tentando insinuar grandeza, valor e ostentação.

Configura-se em nossa vida íntima um estado repressor de tédio para com nós mesmos. Frustração, inconformidade, depressão, tormenta nos raciocínios, mau humor, amargura, mágoa, retraimento afetivo, cansaço, desapontamento crônico com a vida... São feridas emocionais milenares provocadas por nós próprios ao rolarmos nos despenhadeiros da maldade calculada e das atitudes insensatas nos tempos de outrora.

Eis o resultado mais destrutivo da prepotência com a qual nos conduzimos em milênios de loucura moral: trazemos o coração esfarrapado pelo cansaço de nós mesmos, manifestando os mais dilacerantes golpes de dor emocional. Ainda assim, em muitos de nós, sobra espaço mental para acreditarmos que somos importantes ou que algo fazemos de especial na obra augusta de Jesus Cristo.

O espiritismo, para a maioria de nós, ainda não atingiu o coração, tocando as fibras profundas da sensibilidade no despertar do desejo de amar e servir.

Somos, sim, os operários do último tempo, os trabalhadores da última hora[2], que teremos, em razão da complacência de nosso Tutor Celeste, a graça de trabalhar e servir, lutar e vencer. A decisão é nossa.

Toda tarefa erguida em nome do espiritismo é bênção coroada de amparo e acolhimento da parte dos mensageiros do bem. Daquilo que realizamos pelo bem alheio, o maior beneficiado somos nós mesmos.

O trabalho é o remédio, e nós, os doentes em busca de recuperação.

A obra do Cristo é valorosa. Devemos ser gratos por sermos aceitos nas condições em que nos achamos.

Pela ótica cristã, todavia, quanto mais responsabilidade entregue, mais o servidor deve se compenetrar do clima da despretensão e da humildade. É nessa etapa a caminho da superação que nossas ilusões costumam assaltar-nos.

Que parábola pode ser mais fiel a essa realidade que a do Bom Samaritano?[3] Descemos todos os dias de Jerusalém para Jericó em direção às nossas tentações. Somos assaltados, ficamos consciencialmente mortos pelo ataque da culpa e à mercê da bondade celeste.

---

2 Mateu s 20:1-16.

3 Lucas 10:30 a 37.

Quem será o maior na obra do Cristo?

Espíritas! De onde viemos? Sem uma noção mais clara dos nossos rastros espirituais, como aferir a extensão de nossas mazelas? Sem a mínima sensibilidade em relação à desconhecida vida profunda – nossa sombra interior –, como identificar os valores imperecíveis que nela residem ou a natureza complexa das imperfeições morais que carregamos?

É a isso que André Luiz chama de movimento libertador de consciências e corações.

Existem ilusões clamorosas a entorpecer os caminhos de muitos que vagam esquecidos de suas responsabilidades conscienciais.

Para essa palestra, selecionamos três dessas ilusões, as quais mais dizem respeito às histórias de cada um de vocês. Façamos sobre elas algumas considerações com intuito de perdão e reflexão.

A primeira das ilusões é confundir conhecimento espírita com elevação espiritual. Por essa razão, muitos campeões da cultura se atolaram na noção enfermiça de grandeza e importância devido às suas habilidades intelectuais. Há muito saber e pouca atitude renovadora.

Como trazer esse saber da mente para o coração?

Todo conhecimento espiritual que não é usado para a construção da paz pessoal termina sendo usado pelo ego como palanque de discussões estéreis ou de promoção pessoal. A prevenção contra essa soberba intelectual é o conhecimento focado em educação emocional, a qual permita construir uma base de saber sobre si mesmo. Esse, sim, é o conhecimento que liberta.

Depois dessa fala de Modesta, ficava clara a inquietude de muitos dos dirigentes ali presentes com relação aos seus dramas interiores. Olhei para Marcondes, que derramava grossas lágrimas. Ele mais parecia uma estátua de tanta atenção à palestra.

— A segunda grande ilusão é um conceito de caridade que tem afastado muitos trabalhadores de seu maior benefício terapêutico e educativo. O serviço social em favor do próximo é uma bênção de proporções incalculáveis no desenvolvimento da sensibilidade e na extinção da concha rígida do egoísmo. Entretanto, a sua aplicação curativa só alcança sua sublimidade nos relacionamentos pessoais. É na convivência que a caridade alcança seus mais sublimes propósitos de libertação consciencial. Em função da distorção da visão sobre a caridade, diversos colaboradores da tarefa com o próximo julgam-se pessoas especiais e dotadas de elevado amor pelo bem que prestam ao outro.

A terceira ilusão é a excessiva valorização do "pensamento mágico"[4], que leva muitos servidores da doutrina a viverem com um repertório infantil de ideias a

---

4 A Psicologia sugere que o pensamento mágico constitui uma tentativa de racionalizar o desconhecido estabelecendo uma ligação de causalidade entre dois eventos independentes, na sensação de controle e segurança proporcionada pela crença de que o poder do pensamento pode interferir no mundo exterior. Segundo o psiquiatra Derek Bolton, o pensamento mágico é "a expressão de fenômenos reais por causas irreais." (N.E.)

respeito da vida, das pessoas e do mundo, bem distante da realidade. O efeito disso é a criação de um estado íntimo de desgosto com o mundo físico e a transferência de todas as esperanças de felicidade para o mundo espiritual. Para essas pessoas, quase sempre os obsessores são adotados como causa e explicação para todos os seus problemas existenciais.

Amigos queridos e irmãos do coração, que essas reflexões não os atormentem. Além do trabalho libertador, o divã da consciência vos espera com a assistência de técnicos experimentados na arte de amar e amparar as vossas lutas.

Inácio já vos falou que todos aqui ganharão uma vassoura para o trabalho singelo e anônimo; todavia, todos já sairão daqui também com a autorização para ingresso imediato nos divãs de nossos departamentos terapêuticos e de educação.

Nesses divãs, além da conversa franca e rápida que tinham no consultório de Inácio e de outros médicos que aqui lhes assistiram, terão também acesso às suas fichas reencarnatórias. Assim, poderão entender não só as lutas da última existência carnal, mas também viajarão pelos tempos através de nossos aparelhos de mento-eletroclarividência.

Vassoura e divã. Tratamento completo, como sempre assevera Inácio.

Olhem para as suas ilusões como lições a serem retomadas para avançar, e não como cobranças tormentosas.

Ao tomarem suas funções de trabalho, vocês padecerão a angústia do arrependimento. Nessa hora, terão o divã do acolhimento amoroso e da bondade de nossos técnicos e colaboradores, que vão lhes oferecer colo e o ombro amigo.

Cada um de vocês, ao receber um exemplar de *Missionários da luz*, levará não apenas um livro, mas um ingresso a novos tempos. Além do trabalho, já efetivamos a matrícula de todos vocês nos cursos que também vão lhes orientar sobre os caminhos para transformar a mensagem bendita do Evangelho e da doutrina em movimento libertador de suas consciências e corações.

Para encerrar nossa atividade, tenho uma surpresa.

Sob a inspiração de Marcondes – e ele se levantou na plateia quando Modesta apontou para ele –, vários trabalhadores da casa e alguns do pacientes aqui presentes solicitaram que fosse feita uma homenagem, muito justa por sinal. Então, eu peço a Marcondes que venha até aqui à frente e diga do que se trata.

Ainda chorando, Marcondes falou ao público meio sem jeito, o que era estranho para quem estava tão acostumado com as tribunas.

— Amigos, a homenagem que diversos presentes e eu queremos prestar é ao doutor Inácio. Não tenho condições emocionais e nem combinamos que faríamos um discurso, doutor Inácio – falou olhando para mim. – Por essa razão, a única coisa que queremos é lhe ofertar esse ramalhete de flores e, junto com ele, apenas uma frase: Obrigado, doutor, pelo seu amor. Para "cabeças de gelo" como nós, só mesmo um coração aquecido como o seu para derreter esse nosso orgulho lamentável. Obrigado, doutor Inácio!

É, eu realmente devo ter mudado. Chorei até não poder mais. Quase morri de novo aqui no além.

Recebi as flores com carinho e levei-as para minha casa. Lindas! Um ramalhete que muito tocou minha alma e me fez pensar: quem sabe eu não mando um livro ao mundo físico contando a experiência de Marcondes? Quem sabe essa história não tenha algo de divã, de divino, de libertação de outras consciências?

Tenho um divã em minha casa aqui no hospital. Deitei-me lá, olhando para aquelas flores, e pensei a meu respeito: eu mesmo no divã com doutor Inácio!

ENTREVISTA

por Wanderley Oliveira

Mais um pouco com doutor Inácio Ferreira

Doutor Inácio, qual seu o objetivo com este livro?

O meu objetivo é favorecer a inteligência para trazer o Evangelho para mais perto do nosso coração.

Por qual razão o senhor chamou a atenção dos renovadores do pensamento espírita?

Chamei-lhes a atenção porque muitos, a pretexto de renovação e ousadia, estão apenas usando máscaras de renovadores, mas com as mesmas atitudes conservadoras de sempre.

Conservador ou renovador, à luz do espiritismo com Jesus, são expressões que só têm utilidade se relacionadas a comportamentos, e não a formas de pensar.

Os conflitos estéreis e improdutivos do movimento espírita não acontecem por causa da forma diferente de pensar de cada um. Isso é algo sagrado e um direito de todos. Eles acontecem por razão do comportamento adotado diante dessa forma diferente de pensar.

Que os renovadores vigiem suas expressões de avanço e rompimento com aquilo que é tradicional, porque muitos deles têm escolhido dois caminhos lamentáveis. O primeiro é abandonar o espiritismo e os esforços no bem porque não encontram na comunidade os ambientes por eles idealizados, atolando-se em mágoa e desgosto. O segundo é sustentar um clima de profunda rivalidade com as formas de atuação mais tradicionais, alimentando ideias novas com atitudes velhas. Como já dizia Jesus, buscam o pensamento novo, mas mantêm o gosto pela competição;

adotam ideias contemporâneas, mas as conduzem de maneira engessada.

O senhor fala, neste livro, que muitos que se dizem renovadores estão usando suas ideias para rivalizar. Pode nos falar um pouco mais sobre isso?

Não são todos que fazem isso.

No entanto, aqueles que fazem querem ser cópias de Inácio Ferreira e começam a detonar dinamites com palavras, tornando-se, assim, cópias infiéis do que eu sou.

Não quero ninguém fazendo dos meus ensinos uma espécie de nova bíblia para disputas nem colocando a minha personalidade como um exemplo de líder transformador da nova era para o espiritismo. Não quero porque não sou isso.

Escrevo sobre o que vejo e sei do mundo espiritual como um repórter. Não escrevo para dilatar conflitos ou concluir assuntos, mas para ampliar a diversidade do pensamento e instigar a curiosidade científica e filosófica.

Questionem minhas propostas, mas pesquisem também, porque até eu faço isso por aqui no mundo espiritual. Estudem mais e estejam sempre bem informados.

Quais são as prioridades do seu trabalho espiritual?

As prioridades são fortalecer a relação entre espiritismo e Evangelho e desmistificar o plano espiritual, o qual é ingenuamente retratado pelos espíritas.

Ah! Ia me esquecendo: a prioridade é, também, colocar pimenta no prato de quem acha que a vida é só mel e algodão doce na escola do Cristo.

A que o senhor atribui esse retrato infiel sobre o mundo espiritual, que faz com que as suas revelações mediúnicas assustem muitos companheiros de doutrina?

A falta de um Chico Xavier na mesa mediúnica.

Como assim, doutor Inácio?

Uma boa parte do movimento espírita elegeu como altar de devoção as exposições doutrinárias, as coordenações de pequenos e grandes eventos, as vitrines do reconhecimento, os cargos, esquecendo-se de que a doutrina é dos espíritos.

Fazer um espiritismo sem espíritos dá nisso. Há uma sede de novas revelações sobre o plano espiritual na seara. Falta relação mediúnica madura e realista entre os dois planos.

As concepções espíritas de sessenta ou setenta anos atrás, quando surgiu a pérola Nosso Lar, pelo espírito André Luiz, necessitam de novos complementos para se tornarem mais claras.

Entretanto, isso não significa que estejam desatualizadas. Significa, sim, que elas solicitam novas informações, a fim de que outras perspectivas e novos horizontes sobre a vida do lado de cá sejam melhor esclarecidos e ampliados.

Tem gente que não acredita até hoje que a barba de André Luiz crescia no mundo espiritual. Valha-me Deus!

Mas nós não temos Chico Xavier ao nosso lado na mesa mediúnica, como o senhor disse. O que fazer?

A alusão a Chico foi apenas um exemplo. O que é necessário, na verdade, é fazer mais mediunidade com pesquisa, mais espiritismo com diálogo com o mundo do lado de cá, assim como fez Allan Kardec em O céu e o inferno.

Não precisamos de um Chico Xavier, embora seria uma bênção sua presença em todas as mesas.

Precisamos de médiuns corajosos, como Chico foi, que deem suas caras a tapa e que contem o que viram e o que sentem, sem se preocupar com as críticas e as censuras medievais da comunidade espírita.

Alguém precisa fazer isso ou a doutrina perecerá.

Por que, doutor?

Porque a doutrina é dos espíritos, e o que estamos vendo crescer é a "doutrina" das organizações engessadas, dos líderes consagrados e dos inovadores, que pensam estar renovando através de discussões estéreis.

A elitização é uma pesada algema que está sendo colocada no pé do movimento espírita e impedindo o seu avanço. Com essa algema, não existe movimento, e sim cansaço e desgaste, paralisia e peso na condução de ideias que nasceram para ser leves e libertadoras da consciência humana.

O senhor é muito franco e faz uma verdadeira denúncia a respeito de algumas questões do movimento espírita, como a elitização. Isso ainda é necessário?

A comunidade espírita precisa abrir os olhos para os lobos em pele de cordeiro, como advertia Jesus. Isso aconteceu com a mensagem de Jesus em todos os tempos, por que não aconteceria com a Doutrina Espírita?

Mas temos tanta gente assim com essa maldade de deturpar a doutrina na nossa comunidade?

Não é maldade, é soberba, é manipulação de quem não aceita a diversidade. É a arrogância de acreditar que existem grupos ou pessoas que nasceram com missões exclusivas e intransferíveis junto à mensagem do Consolador Prometido. É vaidade desmedida de acreditar-se com mandato divino, quando as duas únicas pessoas que tiveram esse mandato já passaram: Allan Kardec e Chico Xavier.

No fundo é uma tremenda infantilidade espiritual, um ego inflado de orgulho.

O que o senhor diria sobre o fato de algumas pessoas acharem sua linguagem agressiva?

Algumas vezes isso é verdade, mas acho que consigo ser bondoso também. Com um pouco de boa vontade e disposição de ser autêntico, pode-se perceber isso.

O senhor não acha que o fato de um escritor espiritual usar a mediunidade para falar de coisas comuns,

como a gente fala aqui no mundo físico, seja um dos motivos da implicância ou reservas com seus ensinos?

Com certeza que sim!

Esses que estão cheios de "dodói" com a linguagem espírita que se preparem, porque, ao chegar aqui, eles vão ouvir a mesma linguagem comum dos homens daí. Palavrões, gírias, maus costumes, palavras doces, educadas e elegantes também. Nada vai mudar. Só que aqui não terão muito espaço para "teatro de oratória".

A linguagem que uso é a forma didática de cumprir um dos objetivos a que me proponho: levar o plano espiritual para mais perto do mundo físico como ele realmente é; sem anjos ou mentores de túnica, sem uvas, sem harpas.

Os planos mais próximos da psicosfera terrena são campos de lutas e dor, realizações e curas. Existem momentos em que, mesmo estando aqui, me sinto mais aí com vocês no mundo físico do que nunca.

Como o senhor se sente com a repercussão que seu trabalho tem alcançado?

Eu me sinto com uma sensação de dever cumprido. Sei que colaboro para a formação de uma cultura mais realista sobre o mundo do lado de cá e, também, contribuo de alguma forma para reestabelecer muitas verdades que foram adulteradas para atender interesses de certos grupos.

O senhor ficou satisfeito em realizar esse trabalho pela minha psicografia?

Você me deu trabalho, mas foi fiel a algo que precisava dizer ao mundo físico. Agradeço por me suportar.

Sou eu quem lhe agradeço pela paciência. O senhor acredita que o livro alcançará bons resultados?

Todos escrevemos com esse intuito. A partir do instante em que entregamos o livro ao público, perdemos o direito de acreditar nos bons resultados, sobrando-nos o dever de ajuizar sobre os efeitos que ele trará.

Estamos, ambos, com a certeza de que fizemos o nosso melhor, concorda?

Concordo sim, doutor Inácio. O senhor gostaria de acrescentar algo mais a essa singela entrevista?

Gostaria de dizer que abrir a mente para novas ideias é difícil e, para novas atitudes, mais ainda. Se me perguntarem o que eu acho que a comunidade espírita mais está precisando, eu direi: de novas condutas mais que de novas ideias.

Por essa razão, sou um escritor de palavras diretas e certeiras, sem as hipocrisias que tanto mal têm feito à seara em nome de uma conduta cristã que, de cristã mesmo, não tem nada.

Podem falar sobre mim o que quiserem. Tenho convicção imbatível de que estou tentando chamar a atenção para a necessidade de desenvolvermos novas atitudes.

Enquanto muitos escritores espirituais mais nobres usam a mensagem mediúnica para levar o homem encarnado até aos ideais mais elevados, eu tento descer um pouco com esses ideais para mais perto deles.

Não é tarefa fácil, mas não desisto. Por isso tenho fama de teimoso.

Que meus pequenos esforços possam colaborar.

Como dizem aí na Terra: sou um cara do bem!

Ai, que vontade de voltar logo para o corpo físico, viu?!

CULPA, RAIVA E MEDO COMO FORÇAS DE LIBERTAÇÃO
Emoções que Curam
série HARMONIA INTERIOR
WANDERLEY OLIVEIRA
ERMANCE DUFAUX

Emoções híbridas

"A fim de avançar para a meta, tem a criatura que vencer os instintos, em proveito dos sentimentos, isto é, que aperfeiçoar estes últimos, sufocando os germes latentes da matéria. Os instintos são a germinação e os embriões do sentimento; trazem consigo o progresso, como a glande encerra em si o carvalho, e os seres menos adiantados são os que, emergindo pouco a pouco de suas crisálidas, se conservam escravizados aos instintos."

Lázaro (Paris, 1862).

O evangelho segundo o espiritismo, capítulo 11, item 8.

Toda emoção dentro de nós significa algo a nosso respeito e tem uma função sagrada e reveladora.

A ausência de habilidades emocionais para lidar com nossas emoções é a causa principal das nossas dores, pois, sem uma leitura precisa do que significa e para que serve cada uma delas, agimos e falamos em desacordo com aquilo que sentimos. Nossas atitudes e palavras têm um impacto profundo nas relações e nos contextos, trazendo de volta ao mundo emotivo os resultados de nossas ações benéficas ou prejudiciais, libertadoras ou escravizantes.

As emoções primárias como o medo, a tristeza, a alegria, o amor e a raiva, são os fios condutores da nossa evolução espiritual. Elas são instintivas e cumprem funções nobres na arquitetura da vida mental. Todavia, a aquisição da experiência intelectiva no transcorrer das múltiplas reencarnações criou padrões estruturais de conduta alicerçados no egoísmo, que transformaram as emoções primárias em tumultuadas variantes emocionais. Constelações de sentimentos e emoções passaram a gravitar no universo interior e profundo da alma como expressões dessa mutação na forma de sentir e perceber o que se passa no reino do coração. Estas são as emoções híbridas.

Como assevera Lázaro: "Os instintos são a germinação e os embriões do sentimento; trazem consigo o progresso, como a glande encerra em si o carvalho, [...]".

Hoje, os instintos embrionários ramificaram-se no solo dos sentimentos florescendo uma plantação que solicita cuidados e atenção do lavrador para que ele saiba separar em seu canteiro interior aquilo que é praga daquilo que é fruto curativo e libertador, aquilo que é tóxico daquilo que cura. E, além de separar, deve aprender a reciclar e a dar destino saudável às emoções que curam.

Assim como na natureza, na ecologia emocional existe o tóxico e o reciclável, sementes boas e sementes impróprias para germinação de frutos saudáveis.

Façamos uma pequena e despretensiosa lista de algumas formas híbridas das emoções primárias e examinemos suas funções divinas em nós, objetivando cooperar com nossa alfabetização afetiva.

Azedume – O azedume é como uma reação alérgica indicando que algo não está nos fazendo bem. É um indício de que está havendo repetição de comportamentos nocivos à nossa paz e, portanto, uma indicação de que necessitamos alterar algo em nossa conduta.

Possivelmente, trata-se de uma velha forma de reagir a determinadas situações ou talvez uma insatisfação crônica com alguma pessoa ou com acontecimentos repetitivos, podendo também ser um sintoma de frustração.

O azedume é como uma pane interior gerando sobrecarga; é o estresse com algo que necessita de maior atenção na elaboração de soluções mais inteligentes que apresentem melhores resultados.

Examine o que o azedume quer lhe dizer. Pergunte: para que eu me encontro nesse estado? A respeito de que é essa minha irritação ou mau humor? O que necessito enxergar e que nova atitude eu necessito desenvolver neste contexto?

O azedume é um híbrido da raiva.

Angústia – A angústia é a emoção da morte, podendo ser a morte de desejos, de projetos, de ideais, da alegria e do prazer.

Ela é muito presente quando nos abandonamos para cuidar de outras pessoas ou por pura acomodação.

A angústia é um sintoma de que algo está desorganizado dentro de nós há muito tempo, é um pedido de reavaliação a respeito do caminho que estamos seguindo na vida ou sobre como estamos vivendo.

Ela quase sempre vem acompanhada da solidão para deixar claro que será urgente uma aproximação de nós mesmos, pois solidão é estar longe de si mesmo.

A angústia é um híbrido da tristeza.

Insegurança – A insegurança é desencadeada pela percepção de nós mesmos como seres vulneráveis, com acentuada sensação de desamparo. Sua função é mostrar que estamos nos apoiando em crenças que não nos ajudam a despertar os talentos adormecidos em nós. É um sintoma de que estamos precisando fortalecer nossa autoestima e enfrentar o que tememos.

A insegurança é um estado híbrido do medo.

Vaidade – A vaidade é um indicador emocional de que estamos necessitando avaliar uma carência que é sempre evidenciada por meio da relação humana. A vaidade aparece quando nos sentimos menores, sem valor, em falta, ou seja, ela vem para suprir o que faltou e só aparece onde há escassez.

Ela é também um sentimento fundamental para nossa paz, já que sem ela não saberemos localizar muitos aspectos sutis das nossas necessidades. Sem vaidade não nos cuidaríamos, não sentiríamos falta da alegria e de fazer algo por nós mesmos.

Aprendemos muitas coisas de forma inadequada a respeito de nossos sentimentos. Sem vaidade ninguém constrói uma estima pessoal sólida, que é o pilar do autoamor. Quem tenta sufocar sua vaidade cria um campo energético para doenças orgânicas, como dores musculares, constantes infecções e um severo mau humor. No entanto, se somos dominados inadequadamente por ela, usamo-la como mecanismo de defesa contra a sensação de inferioridade, de ausência de valor e poder pessoal.

A vaidade orientada para a preservação da autovalorização é uma fonte do bem que estamos desenvolvendo à luz de nossos esforços de espiritualização. Vaidade é também o prazer diante daquilo que somos ou realizamos. Quando focada na vida de relações, é a busca do prazer do reconhecimento, do aplauso e da admiração alheia. Quando focada na vida interior, é a energia que nos garante alegria e satisfação com nossas realizações, e quem cultiva alegria alcança melhor desempenho e leveza perante a vida, as coisas fluem. Energeticamente, a alegria é a emoção que lubrifica o cosmo sutil da aura.

A vaidade é um híbrido da alegria.

Insatisfação – A insatisfação é indicador de que estamos precisando tomar consciência sobre o que queremos e o que não queremos da nossa existência.

Quando persiste, a insatisfação é porque não conseguimos viver **o que** e **como** necessitamos e deixamos outras demandas tomarem o lugar do que queremos, ignorando as carências mais profundas do nosso ser. Essa emoção é o oposto da felicidade e estabelece profundo estado de desamor, sendo um sintoma muito importante de que nosso desejo está ativo e procurando novas expressões de amor e de nossa individualidade.

Parece um contrassenso, mas pessoas insatisfeitas estão movidas pelo princípio do amor. É um alerta da alma que está vinculado à faixa instintiva dessa emoção, querendo dizer: "não está bom desse jeito", "é preciso mudar e avançar.".

A insatisfação é uma emoção híbrida do amor.

****

Em nosso plano de ação no Hospital Esperança, constatamos que giram em torno de 88 os sentimentos mais conhecidos do homem na matéria, incluindo as emoções híbridas. Entretanto, ao desencarnarmos, tomamos contato com pelo menos mais vinte novas experiências emocionais nas faixas vibratórias mais próximas ao ambiente da Terra, causando-nos perturbação, indefinição e dor.

Mesmo sendo 88 os sentimentos mais conhecidos, o nível de inteligência emocional aponta para algo em torno de 12 a 18 sentimentos mais perceptíveis e comuns a quem guarda um bom grau de consciência emocional. Entretanto, a média, para a maioria dos habitantes do planeta, não passa de 9 sentimentos mais conhecidos e identificáveis.

Essas informações, que fazem parte de levantamentos de nossos institutos de educação no hospital, são fortes apelos para o trabalho urgente de orientação, com foco na educação emocional do espírito eterno, especialmente aos que se guiam pelos princípios imortalistas da doutrina espírita.

Faz-se urgente a elaboração de uma campanha para aquisição da alfabetização afetiva e do desenvolvimento de habilidades que permitam identificar e usar as emoções básicas e as híbridas como seguras trilhas emocionais para o autoconhecimento e a autotransformação.

Retomando as reflexões de Lázaro:

> "A fim de avançar para a meta, tem a criatura que vencer os instintos, em proveito dos sentimentos, isto é, que aperfeiçoar estes últimos, sufocando os germes latentes da matéria. "

Essa campanha é um convite para subirmos um degrau na escada da evolução, sair do instinto primário e avançar na direção da consciência lúcida. Sair das emoções híbridas e transformá-las em emoções que curam, pois não existem emoções sem finalidades curativas quando a alma está desperta para o patrimônio de luz que pode emergir de suas sombras.

Ficha Técnica

Título
Amor além de tudo

Autoria
Espírito Inácio Ferreira
psicografado por Wanderley Oliveira

Edição
1ª

ISBN
978-85-63365-30-9

Projeto gráfico e diagramação
Tuane Silva

Capa
Tuane Silva

Preparação de originais
Maria José da Costa e Nilma Helena

Revisão da diagramação
Nilma Helena

Revisão ortográfica
Débora Couto e Thaisa Moreira

Composição
Adobe Indesign CS6 (plataforma Mac)

Páginas
256

Tamanho
Miolo 16x 23 cm
Capa 16 x 23 cm com orelhas de 9 cm

Tipografia
Texto principal: Cambria
Título: Shockheaded

Margens
20 mm: 28 mm: 28 mm: 20 mm
(superior:inferior:interna;externa)

Mancha
112 mm

Papel
Miolo em offset 90 g/m^2
Capa papel Suzano Supremo $250g/m^2$

Cores
Miolo: Pantone 485U e Black (K)
Capa em 4 x 0 cores CMYK

Gráfica
Yangraf - São Paulo - SP

Acabamento
Brochura, costurados e colados
Capa com laminação SoftTouch

Tiragem
5 mil exemplares

Produção
Julho/2014

NOSSAS PUBLICAÇÕES

SÉRIE AUTOCONHECIMENTO

DEPRESSÃO E AUTOCONHECIMENTO - COMO EXTRAIR PRECIOSAS LIÇÕES DESSA DOR

A proposta de tratamento complementar da depressão aqui abordada tem como foco a educação para lidar com nossa dor, que muito antes de ser mental, é moral.

Wanderley Oliveira
16 x 23 cm
235 páginas

ebook

FALA, PRETO VELHO

Um roteiro de autoproteção energética através do autoamor. Os textos aqui desenvolvidos permitem construir nossa proteção interior por meio de condutas amorosas e posturas mentais positivas, para criação de um ambiente energético protetor ao redor de nossas vidas.

Wanderley Oliveira | Pai João de Angola
16 x 23 cm
291 páginas

ebook

QUAL A MEDIDA DO SEU AMOR?

Propõe revermos nossa forma de amar, pois estamos mais próximos de uma visão particularista do que de uma vivência autêntica desse sentimento. Superar limites, cultivar relações saudáveis e vencer barreiras emocionais são alguns dos exercícios na construção desse novo olhar.

Wanderley Oliveira | Ermance Dufaux
16 x 23 cm
208 páginas

ebook

APAIXONE-SE POR VOCÊ

Você já ouviu alguém dizer para outra pessoa: "minha vida é você"?
Enquanto o eixo de sua sustentação psicológica for outra pessoa, a sua vida estará sempre ameaçada, pois o medo da perda vai rondar seus passos a cada minuto.

Wanderley Oliveira
16 x 23 cm
152 páginas

ebook

A VERDADE ALÉM DAS APARÊNCIAS - O UNIVERSO INTERIOR

Liberte-se da ansiedade e da angústia, direcionando o seu espírito para o único tempo que realmente importa: o presente. Nele você pode construir um novo olhar, amplo e consciente, que levará você a enxergar a verdade além das aparências.

Samuel Gomes
16 x 23 cm
272 páginas

ebook

DESCOMPLIQUE, SEJA LEVE

Um livro de mensagens para apoiar sua caminhada na aquisição de uma vida mais suave e rica de alegrias na convivência.

Wanderley Oliveira
16 x 23 cm
238 páginas

ebook

7 CAMINHOS PARA O AUTOAMOR

O tema central dessa obra é o autoamor que, na concepção dos educadores espirituais, tem na autoestima o campo elementar para seu desenvolvimento. O autoamor é algo inato, herança divina, enquanto a autoestima é o serviço laborioso e paciente de resgatar essa força interior, ao longo do caminho de volta à casa do Pai.

Wanderley Oliveira | Pai João de Angola
16 x 23 cm
272 páginas

A REDENÇÃO DE UM EXILADO

A obra traz informações sobre a formação da civilização, nos primórdios da Terra, que contou com a ajuda do exílio de milhões de espíritos mandados para cá para conquistar sua recuperação moral e auxiliar no desenvolvimento das raças e da civilização. É uma narrativa do Apóstolo Lucas, que foi um desses enviados, e que venceu suas dificuldades íntimas para seguir no trabalho orientado pelo Cristo.

Samuel Gomes | Lucas
16 x 23 cm
368 páginas

ebook

AMOROSIDADE - A CURA DA FERIDA DO ABANDONO

Uma das mais conhecidas prisões emocionais na atualidade é a dor do abandono, a sensação de desamparo. Essa lesão na alma responde por larga soma de aflições em todos os continentes do mundo. Não há quem não esteja carente de ser protegido e acolhido, amado e incentivado nas lutas de cada dia.

Wanderley Oliveira | Ermance Dufaux
16 x 23 cm
300 páginas

ebook

MEDIUNIDADE - A CURA DA FERIDA DA FRAGILIDADE

Ermance Dufaux vem tratando sobre as feridas evolutivas da humanidade. A ferida da fragilidade é um dos traços mais marcantes dos aprendizes da escola terrena. Uma acentuada desconexão com o patrimônio da fé e do autoamor, os verdadeiros poderes da alma.

Wanderley Oliveira | Ermance Dufaux
16 x 23 cm
235 páginas
ebook

CONECTE-SE A VOCÊ - O ENCONTRO DE UMA NOVA MENTALIDADE QUE TRANSFORMARÁ A SUA VIDA

Este livro vai te estimular na busca de quem você é verdadeiramente. Com leitura de fácil assimilação, ele é uma viagem a um país desconhecido que, pouco a pouco, revela características e peculiaridades que o ajudarão a encontrar novos caminhos. Para esta viagem, você deve estar conectado a sua essência. A partir daí, tudo que você fizer o levará ao encontro do propósito que Deus estabeleceu para sua vida espiritual.

Rodrigo Ferretti
16 x 23 cm
256 páginas
ebook

APOCALIPSE SEGUNDO A ESPIRITUALIDADE - O DESPERTAR DE UMA NOVA CONSCIÊNCIA

Num curso realizado em uma colônia do plano espiritual, o livro Apocalipse, de João Evangelista, é estudado de forma dinâmica e de fácil entendimento, desvendando a simbologia das figuras místicas sob o enfoque do autoconhecimento.

Samuel Gomes
16 x 23 cm
313 páginas
ebook

VIDAS PASSADAS E HOMOSSEXUALIDADE - CAMINHOS QUE LEVAM À HARMONIA

"Vidas Passadas e Homossexualidade" é, antes de tudo, um livro sobre o autoconhecimento. E, mais que uma obra que trada do uso prático da Terapia de Regressão às Vidas Passadas . Em um conjunto de casos, ricamente descritos, o leitor poderá compreender a relação de sua atual encarnação com aquelas que ele viveu em vidas passadas. O obra mostra que absolutamente tudo está interligado. Se o leitor não encontra respostas sobre as suas buscas psicológicas nesta vida, ele as encontrará conhecendo suas vidas passadas.
Samuel Gomes

Dra. Solange Cigagna
16 x 23 cm
364 páginas
ebook

SÉRIE CONSCIÊNCIA DESPERTA

SAIA DO CONTROLE - UM DIÁLOGO TERAPEUTICO E LIBERTADOR ENTRE A MENTE E A CONSCIÊNCIA

Agimos de forma instintiva por não saber observar os pensamentos e emoções que direcionam nossas ações de forma condicionada. Por meio de uma observação atenta e consciente, identificando o domínio da mente em nossas vidas, passamos a viver conscientes das forças internas que nos regem.

Rossano Sobrinho
16 x 23 cm
268 páginas

ebook

SÉRIE CULTO NO LAR

VIBRAÇÕES DE PAZ EM FAMÍLIA

Quando a família se reune para orar, ou mesmo um de seus componetes, o ambiente do lar melhora muito. As preces são emissões poderosas de energia que promovem a iluminação interior. A oração em família traz paz e fortalece, protege e ampara a cada um que se prepara para a jornada terrena rumo à superação de todos os desafios.

Wanderley Oliveira | Ermance Dufaux
16 x 23 cm
212 páginas

ebook

JESUS - A INSPIRAÇÂO DAS RELAÇÕES LUMINOSAS

Após o sucesso de "Emoções que curam", o espírito Ermance Dufaux retorna com um novo livro baseado nos ensinamentos do Cristo, destacando que o autoamor é a garantia mais sólida para a construção de relacionamentos luminosos.

Wanderley Oliveira | Ermance Dufaux
16 x 23 cm
304 páginas

ebook

REGENERAÇÃO - EM HARMONIA COM O PAI

Nos dias em que a Terra passa por transformações fundamentais, ampliando suas condições na direção de se tornar um mundo regenerado, é necessário desenvolvermos uma harmonia inabalável para aproveitar as lições que esses dias nos proporcionam por meio das nossas decisões e das nossas escolhas, [...].

Samuel Gomes | Diversos Espíritos
16 x 23 cm
223 páginas

ebook

PRECES ESPÍRITAS

Porque e como orar?
O modo como oramos influi no resultado de nossas preces?
Existe um jeito certo de fazer a oração?
Allan Kardec nos afirma que *"não há fórmula absoluta para a prece"*, mas o próprio Evangelho nos orienta que *"quando oramos, devemos entrar no nosso aposento interno do coração e, fechando a porta, busquemos Deus que habita em nós; e Ele, que vê nossa mais secreta realidade espiritual, nos amparará em todas as necessidades. Ao orarmos, evitemos as repetições de orações realizadas da boca para fora, como muitos que pensam que por muito falarem serão ouvidos. Oremos a Deus em espírito e verdade porque nosso Pai sabe o que nos é necessário, antes mesmo de pedirmos "*. (Mateus 6:5 a 8)

Allan Kardec
16 x 23 cm
145 páginas

ebook

O EVANGELHO SEGUNDO O ESPIRITISMO

O Evangelho de Jesus Cristo foi levado ao mundo por meio de seus discípulos, logo após o desencarne do Mestre na cruz. Mas o Evangelho de Cristo foi, muitas vezes, alterado e deturpado através de inúmeras edições e traduções do chamado Novo Testamento. Agora, a Doutrina Espírita, por meio de um trabalho sob a óptica dos espíritos e de Allan Kardec, vem jogar luz sobre a verdadeira face de Cristo e seus ensinamentos de perdão, caridade e amor.

Allan Kardec
16 x 23 cm
431 páginas

ebook

SÉRIE DESAFIOS DA CONVIVÊNCIA

QUEM SABE PODE MUITO. QUEM AMA PODE MAIS

A lição central desta obra é mostrar que o conhecimento nem sempre é suficiente para garantir a presença do amor nas relações. "Estar informado é a primeira etapa. Ser transformado é a etapa da maioridade." - Eurípedes Barsanulfo.

Wanderley Oliveira | José Mário
16 x 23 cm
312 páginas

ebook

QUEM PERDOA LIBERTA - ROMPER OS FIOS DA MÁGOA ATRAVÉS DA MISERICÓRDIA

Continuação do livro "QUEM SABE PODE MUITO. QUEM AMA PODE MAIS" dando sequência à trilogia "Desafios da Convivência".

Wanderley Oliveira | José Mário
16 x 23 cm
320 páginas

ebook

SERVIDORES DA LUZ NA TRANSIÇÃO PLANETÁRIA

Nesta obra recebemos o convite para nos integrar nas fileiras dos Servidores da Luz, atuando de forma consciente diante dos desafios da transição planetária. Brilhante fechamento da trilogia.

Wanderley Oliveira | José Mário
14x21 cm
298 páginas

ebook

SÉRIE ESPÍRITOS DO BEM

GUARDIÕES DO CARMA - A MISSÃO DOS EXUS NA TERRA

Pai João de Angola quebra com o preconceito criado em torno dos exus e mostra que a missão deles na Terra vai além do que conhecemos. Na verdade, eles atuam como guardiões do carma, nos ajudando nos principais aspectos de nossas vidas.

Wanderley Oliveira | Pai João de Angola
16 x 23 cm
288 páginas

ebook

GUARDIÃS DO AMOR - A MISSÃO DAS POMBAGIRAS NA TERRA

"São um exemplo de amor incondicional e de grandeza da alma. São mães dos deserdados e angustiados. São educadoras e desenvolvedoras do sagrado feminino, e nesse aspecto são capazes de ampliar, nos homens e nas mulheres, muitas conquistas que abrem portas para um mundo mais humanizado, [...]".

Wanderley Oliveira | Pai João de Angola
16 x 23 cm
232 páginas

ebook

GUARDIÕES DA VERDADE - NADA FICARÁ OCULTO

Neste momento de batalhas decisivas rumo aos tempos da regeneração, esta obra é um alerta que destaca a importância da autenticidade nas relações humanas e da conduta ética como bases para uma forma transparente de viver. A partir de agora, nada ficará oculto, pois a Verdade é o único caminho que aguarda a humanidade para diluir o mal e se estabelecer na realidade que rege o universo.

Wanderley Oliveira | Pai João de Angola
16 x 23 cm
236 páginas

ebook

SÉRIE ESTUDOS DOUTRINÁRIOS

ATITUDE DE AMOR

Opúsculo contendo a palestra "Atitude de Amor" de Bezerra de Menezes, o debate com Eurípedes Barsanulfo sobre o período da maioridade do Espiritismo e as orientações sobre o "movimento atitude de amor". Por uma efetiva renovação pela educação moral.

Wanderley Oliveira | Ermance Dufaux e Cícero Pereira
14 x 21 cm
94 páginas

SEARA BENDITA

Um convite à reflexão sobre a urgência de novas posturas e conceitos. As mudanças a adotar em favor da construção de um movimento social capaz de cooperar com eficácia na espiritualização da humanidade.

Wanderley Oliveira e Maria José Costa | Diversos Espíritos
14 x 21 cm
284 páginas

Gratuito em nosso site, somente em:

NOTÍCIAS DE CHICO

"Nesta obra, Chico Xavier afirma com seu otimismo natural que a Terra caminha para uma regeneração de acordo com os projetos de Jesus, a caracterizar-se pela tolerância humana recíproca e que precisamos fazer a nossa parte no concerto projetado pelo Orientador Maior, principalmente porque ainda não assumimos responsabilidades mais expressivas na sustentação das propostas elevadas que dizem respeito ao futuro do nosso planeta."

Samuel Gomes | Chico Xavier
16 x 23 cm
181 páginas

SÉRIE FAMÍLIA E ESPIRITUALIDADE

UM JOVEM OBSESSOR - A FORÇA DO AMOR NA REDENÇÃO ESPIRITUAL

Um jovem conta sua história, compartilhando seus problemas após a morte, falando sobre relacionamentos, sexo, drogas e, sobretudo, da força do amor na redenção espiritual.

Adriana Machado | Jefferson
16 x 23 cm
392 páginas

UM JOVEM MÉDIUM - CORAGEM E SUPERAÇÃO PELA FORÇA DA FÉ

A mediunidade é um canal de acesso às questões de vidas passadas que ainda precisam ser resolvidas. O livro conta a história do jovem Alexandre que, com sua mediunidade, se torna o intermediário entre as histórias de vidas passadas daqueles que o rodeiam tanto no plano físico quanto no plano espiritual. Surpresos com o dom mediúnico do menino, os pais, de formação Católica, se veem às voltas com as questões espirituais que o filho querido traz para o seio da família.

Adriana Machado | Ezequiel
16 x 23 cm
365 páginas

ebook

RECONSTRUA SUA FAMÍLIA - CONSIDERAÇÕES PARA O PÓS-PANDEMIA

Vivemos dias de definição, onde nada mais será como antes. Necessário redefinir e ampliar o conceito de família. Isso pode evitar muitos conflitos nas interações pessoais. O autoconhecimento seguido de reforma íntima será o único caminho para transformação do ser humano, das famílias, das sociedades e da humanidade.

Dr. Américo Canhoto
16 x 23 cm
237 páginas

ebook

SÉRIE HARMONIA INTERIOR

LAÇOS DE AFETO - CAMINHOS DO AMOR NA CONVIVÊNCIA

Uma abordagem sobre a importância do afeto em nossos relacionamentos para o crescimento espiritual. São textos baseados no dia a dia de nossas experiências. Um estímulo ao aprendizado mais proveitoso e harmonioso na convivência humana.

Wanderley Oliveira | Ermance Dufaux
16 x 23 cm
312 páginas

ebook ESPANHOL

MEREÇA SER FELIZ - SUPERANDO AS ILUSÕES DO ORGULHO

Um estudo psicológico sobre o orgulho e sua influência em nossa caminhada espiritual. Ermance Dufaux considera essa doença moral como um dos mais fortes obstáculos à nossa felicidade, porque nos leva à ilusão.

Wanderley Oliveira | Ermance Dufaux
16 x 23 cm
296 páginas

ebook ESPANHOL

REFORMA ÍNTIMA SEM MARTÍRIO - AUTOTRANSFORMAÇÃO COM LEVEZA E ESPERANÇA

As ações em favor do aperfeiçoamento espiritual dependem de uma relação pacífica com nossas imperfeições. Como gerenciar a vida íntima sem adicionar o sofrimento e sem entrar em conflito consigo mesmo?

Wanderley Oliveira | Ermance Dufaux
16 x 23 cm
288 páginas

ebook ESPANHOL INGLÊS

PRAZER DE VIVER - CONQUISTA DE QUEM CULTIVA A FÉ E A ESPERANÇA

Neste livro, Ermance Dufaux, com seus ensinos, nos auxilia a pensar caminhos para alcançar nossas metas existenciais, a fim de que as nossas reencarnações sejam melhor vividas e aproveitadas.

Wanderley Oliveira | Ermance Dufaux
16 x 23 cm
248 páginas

ebook

ESCUTANDO SENTIMENTOS - A ATITUDE DE AMAR-NOS COMO MERECEMOS

Ermance afirma que temos dado passos importantes no amor ao próximo, mas nem sempre sabemos como cuidar de nós, tratando-nos com culpas, medos e outros sentimentos que não colaboram para nossa felicidade.

Wanderley Oliveira | Ermance Dufaux
16 x 23 cm
256 páginas

ebook ESPANHOL

DIFERENÇAS NÃO SÃO DEFEITOS - A RIQUEZA DA DIVERSIDADE NAS RELAÇÕES HUMANAS

Ninguém será exatamente como gostaríamos que fosse. Quando aprendemos a conviver bem com os diferentes e suas diferenças, a vida fica bem mais leve. Aprenda esse grande SEGREDO e conquiste sua liberdade pessoal.

Wanderley Oliveira | Ermance Dufaux
16 x 23 cm
248 páginas

ebook

EMOÇÕES QUE CURAM - CULPA, RAIVA E MEDO COMO FORÇAS DE LIBERTAÇÃO

Um convite para aceitarmos as emoções como forma terapêutica de viver, sintonizando o pensamento com a realidade e com o desenvolvimento da autoaceitação.

Wanderley Oliveira | Ermance Dufaux
16 x 23 cm
272 páginas

ebook

SÉRIE REFLEXÕES DIÁRIAS

PARA SENTIR DEUS

Nos momentos atuais da humanidade sentimos extrema necessidade da presença de Deus. Ermance Dufaux resgata, para cada um, múltiplas formas de contato com Ele, de como senti-Lo em nossas vidas, nas circunstâncias que nos cercam e nos semelhantes que dividem conosco a jornada reencarnatória. Ver, ouvir e sentir Deus em tudo e em todos.

Wanderley Oliveira | Ermance Dufaux
11 x 15,5 cm
133 páginas

Somente ebook

LIÇÕES PARA O AUTOAMOR

Mensagens de estímulo na conquista do perdão, da aceitação e do amor a si mesmo. Um convite à maravilhosa jornada do autoconhecimento que nos conduzirá a tomar posse de nossa herança divina.

Wanderley Oliveira | Ermance Dufaux
11 x 15,5 cm
128 páginas

Somente ebook

RECEITAS PARA A ALMA

Mensagens de conforto e esperança, com pequenos lembretes sobre a aplicação do Evangelho para o dia a dia. Um conjunto de propostas que se constituem em verdadeiros remédios para nossas almas.

Wanderley Oliveira | Ermance Dufaux
11 x 15,5 cm
146 páginas

Somente ebook

SÉRIE REGENERAÇÃO

FUTURO ESPIRITUAL DA TERRA

As necessidades, as estruturas perispirituais e neuropsíquicas, o trabalho, o tempo, as características sociais e os próprios recursos de natureza material se tornarão bem mais sutis. O futuro já está em construção e André Luiz, através da psicografia de Samuel Gomes, conta como será o Futuro Espiritual da Terra.

Samuel Gomes | André Luiz
16 x 23 cm
344 páginas

ebook

XEQUE-MATE NAS SOMBRAS - A VITÓRIA DA LUZ

André Luiz traz notícias das atividades que as colônias espirituais, ao redor da Terra, estão realizando para resgatar os espíritos que se encontram perdidos nas trevas e conduzi-los a passar por um filtro de valores, seja para receberem recursos visando a melhorar suas qualidades morais – se tiverem condições de continuar no orbe – seja para encaminhá-los ao degredo planetário.

Samuel Gomes | André Luiz
16 x 23 cm
212 páginas

ebook

A DECISÃO - CRISTOS PLANETÁRIOS DEFINEM O FUTURO ESPIRITUAL DA TERRA

"Os Cristos Planetários do Sistema Solar e de outros sistemas se encontram para decidir sobre o futuro da Terra na sua fase de regeneração. Numa reunião que pode ser considerada, na atualidade, uma das mais importantes para a humanidade terrestre, Jesus faz um pronunciamento direto sobre as diretrizes estabelecidas por Ele para este período."

Samuel Gomes | André Luiz e Chico Xavier
16 x 23 cm
210 páginas

ebook

SÉRIE ROMANCE MEDIÚNICO

OS DRAGÕES - O DIAMANTE NO LODO NÃO DEIXA DE SER DIAMANTE

Um relato leve e comovente sobre nossos vínculos com os grupos de espíritos que integram as organizações do mal no submundo astral.

Wanderley Oliveira | Maria Modesto Cravo
16 x 23cm
522 páginas

ebook

LÍRIOS DE ESPERANÇA

Ermance Dufaux alerta os espíritas e lidadores do bem de um modo geral, para as responsabilidades urgentes da renovação interior e da prática do amor neste momento de transição evolutiva, através de novos modelos de relação, como orientam os benfeitores espirituais.

Wanderley Oliveira | Ermance Dufaux
16 x 23 cm
508 páginas

ebook

AMOR ALÉM DE TUDO

Regras para seguir e rótulos para sustentar. Até quando viveremos sob o peso dessas ilusões? Nessa obra reveladora, Dr. Inácio Ferreira nos convida a conhecer a verdade acima das aparências. Um novo caminho para aqueles que buscam respeito às diferenças e o AMOR ALÉM DE TUDO.

Wanderley Oliveira | Inácio Ferreira
16 x 23 cm
252 páginas

ebook

ABRAÇO DE PAI JOÃO

Pai João de Angola retorna com conceitos simples e práticos, sobre os problemas gerados pela carência afetiva. Um romance com casos repletos de lutas, desafios e superações. Esperança para que permaneçamos no processo de resgate das potências divinas de nosso espírito.

Wanderley Oliveira | Pai João de Angola
16 x 23 cm
224 páginas

ebook

UM ENCONTRO COM PAI JOÃO

A obra também fala do valor de uma terapia, da necessidade do autoconhecimento, dos tipos de casamentos programados antes do reencarne, dos processos obsessivos de variados graus e do amparo de Deus para nossas vidas por meio dos amigos espirituais e seus trabalhadores encarnados. Narra também em detalhes a dinâmica das atividades socorristas do centro espírita.

Wanderley Oliveira | Pai João de Angola
16 x 23 cm
220 páginas

ebook

O LADO OCULTO DA TRANSIÇÃO PLANETÁRIA

O espírito Maria Modesto Cravo aborda os bastidores da transição planetária com casos conectados ao astral da Terra.

Wanderley Oliveira | Maria Modesto Cravo
16 x 23 cm
288 páginas

PERDÃO - A CHAVE PARA A LIBERDADE

Neste romance revelador, conhecemos Onofre, um pai que enfrenta a perda de seu único filho com apenas oito anos de idade. Diante do luto e diversas frustrações, um processo desafiador de autoconhecimento o convida a enxergar a vida com um novo olhar. Será essa a chave para a sua libertação?

Adriana Machado | Ezequiel
14 x 21 cm
288 páginas

1/3 DA VIDA - ENQUANTO O CORPO DORME A ALMA DESPERTA

A atividade noturna fora da matéria representa um terço da vida no corpo físico, e é considerada por nós como o período mais rico em espiritualidade, oportunidade e esperança.

Wanderley Oliveira | Ermance Dufaux
16 x 23 cm
279 páginas

NEM TUDO É CARMA, MAS TUDO É ESCOLHA

Somos todos agentes ativos das experiências que vivenciamos e não há injustiças ou acasos em cada um dos aprendizados.

Adriana Machado | Ezequiel
16 x 23 cm
536 páginas

RETRATOS DA VIDA - AS CONSEQUÊNCIAS DO DESCOMPROMETIMENTO AFETIVO

Túlio costumava abstrair-se da realidade, sempre se imaginando pintando um quadro; mais especificamente pintando o rosto de uma mulher.
Vivendo com Dora um casamento já frio e distante, uma terrível e insuportável dor se abate sobre sua vida. A dor era tanta que Túlio precisou buscar dentro de sua alma uma resposta para todas as suas angústias..

Clotilde Fascioni
16 x 23 cm
175 páginas

O PREÇO DE UM PERDÃO - AS VIDAS DE DANIEL

Daniel se apaixona perdidamente e, por várias vidas, é capaz de fazer qualquer coisa para alcançar o objetivo de concretizar o seu amor. Mas suas atitudes, por mais verdadeiras que sejam, o afastam cada vez mais desse objetivo. É quando a vida o para.

André Figueiredo e Fernanda Sicuro | Espírito Bruno
16 x 23 cm
333 páginas

ebook

CULPA, RAIVA E MEDO COMO FORÇAS DE LIBERTAÇÃO
Emoções que Curam
HARMONIA INTERIOR
NDERLEY OLIVEIRA
MANCE DUFAUX

PREFÁCIO

Curai os Enfermos

"E, chamando os seus doze discípulos, deu-lhes poder sobre os espíritos imundos, para os expulsarem, e para curarem toda a enfermidade e todo o mal. Curai os enfermos, limpai os leprosos, ressuscitai os mortos, expulsai os demônios: de graça recebestes, de graça dai."

Mateus 10:1 e 8.

Meus filhos, Jesus lhes abençoe os caminhos com muita paz.

O amor ao próximo é a alma dos princípios cristãos.

A lei universal de amor nos permite e convida-nos à ação consoladora em favor das necessidades de nosso próximo. Entretanto, a ação no bem, por si mesma, não representa a cura pessoal.

Estender a mão que apoia e enxugar lágrimas são roteiros insubstituíveis de solidariedade e bondade a que todos somos chamados para propiciar o bem alheio, a cura e a redenção, entretanto, são caminhos individuais e intransferíveis, frutos do merecimento e do trabalho pessoal.

Quando o Mestre orientou os apóstolos para "curarem toda a enfermidade", antes de tudo, estava propondo a ação curativa de si mesmos. É interessante notar que aqueles que foram beneficiados pelas Suas mãos santas já apresentavam as condições íntimas de libertação de suas dores e privações.

A narrativa evangélica assegura que o Senhor "deu-lhes poder", antes mesmo de recomendar as ações solidárias de curar, limpar, expulsar e ressuscitar. Conferir poder é acolher, estimular, orientar e reforçar a divindade adormecida e ignorada no íntimo do coração. Todo servidor do bem que busca sua própria iluminação habilita-se, pelo exemplo e pela força de suas atitudes sinceras, a despertar esse poder em seu próximo. O poder da crença lúcida, o poder da fé legítima, o poder do amor curativo.

A vida de Jesus é repleta de preciosas histórias de despertamento, que se deram por meio da pedagogia da crença no valor pessoal, a partir da amorosidade, do acolhimento e da inclusão. Na singela expressão "deu-lhes poder", está resumida a mais gloriosa missão das linhas do amor.

Nessa ótica, amar é construir relações afetivas capazes de fazer florescer o melhor de cada um de nós, dilatando o poder individual de cura e de iluminação interior.

Quem ama acolhe sua própria sombra interior com tão rica bondade, que conquista o poder de um descobridor de talentos de quantos se encontrarem à sua volta. Quem ama tem luz no olhar e destaca sempre o bem e a riqueza íntima de todos.

Embora consideradas emoções que causam sofrimento, à luz do amor, podemos transformar a tristeza e a mágoa, o medo e a culpa, o orgulho e a inveja em adubos nutrientes no canteiro da alma, produzindo farta colheita de frutos. Estas são emoções que curam e, nessa transformação, reside o poder da cura pessoal.

A tristeza é um convite para o melhor ajustamento à realidade.

A mágoa é uma dor que nos sacode para que descubramos velhas ilusões no campo mental.

O medo é um amigável indicador de que queremos responder acertadamente aos desafios, requisitando de nós mesmos maior preparo e atenção.

A culpa é uma exigente orientadora que nos convoca a rever crenças e valores.

O orgulho é uma força que, bem orientada, torna-se pilar da autoestima.

A inveja é uma pista concreta sobre talentos adormecidos nos recessos profundos da inteligência.

Curar não significa eliminar a parcela de sombra pertinente às nossas atitudes, pois nos porões sombrios da vida mental existem terrenos férteis para a semeadura em favor da iluminação da consciência.

Em cada traço sombrio da personalidade humana, existe uma dica emocional em favor da cura de nossas enfermidades. Essas sombras constituem emoções curativas quando iluminadas por uma percepção sadia e consciente.

Louvemos a vida e a oportunidade que nos foi entregue de curadores de nós próprios nas bênçãos da reencarnação e comecemos o quanto antes a cuidar do enfermo que está dentro de cada um de nós, promovendo-nos à condição de saudáveis filhos de Deus.

Esse trabalho interior de recuperação é um resultado de três ciclos que amadurecem a experiência emocional e psíquica. O primeiro, o autoconhecimento; o segundo, a autotransformação; o terceiro, o autoamor.

Esses são os três ciclos do poder pessoal, os três pilares do amor que liberta e quem avança por eles alcança poder.

Quem alcança poder íntimo pode "curar enfermos, ressuscitar os mortos, expulsar demônios e limpar leprosos", conforme a recomendação de Jesus aos seguidores de sua mensagem sublime.

De coração agradecido e por entre as luzes do amor e da compaixão, recebam minha bênção sincera em nome de Jesus Cristo.

Bezerra de Menezes, julho de 2013.

CAPÍTULO 1

Emoções híbridas

"A fim de avançar para a meta, tem a criatura que vencer os instintos, em proveito dos sentimentos, isto é, que aperfeiçoar estes últimos, sufocando os germes latentes da matéria. Os instintos são a germinação e os embriões do sentimento; trazem consigo o progresso, como a glande encerra em si o carvalho, e os seres menos adiantados são os que, emergindo pouco a pouco de suas crisálidas, se conservam escravizados aos instintos."

Lázaro (Paris, 1862).

O evangelho segundo o espiritismo, capítulo 11, item 8.

Toda emoção dentro de nós significa algo a nosso respeito e tem uma função sagrada e reveladora.

A ausência de habilidades emocionais para lidar com nossas emoções é a causa principal das nossas dores, pois, sem uma leitura precisa do que significa e para que serve cada uma delas, agimos e falamos em desacordo com aquilo que sentimos. Nossas atitudes e palavras têm um impacto profundo nas relações e nos contextos, trazendo de volta ao mundo emotivo os resultados de nossas ações benéficas ou prejudiciais, libertadoras ou escravizantes.

As emoções primárias como o medo, a tristeza, a alegria, o amor e a raiva, são os fios condutores da nossa evolução espiritual. Elas são instintivas e cumprem funções nobres na arquitetura da vida mental. Todavia, a aquisição da experiência intelectiva no transcorrer das múltiplas reencarnações criou padrões estruturais de conduta alicerçados no egoísmo, que transformaram as emoções primárias em tumultuadas variantes emocionais. Constelações de sentimentos e emoções passaram a gravitar no universo interior e profundo da alma como expressões dessa mutação na forma de sentir e perceber o que se passa no reino do coração. Estas são as emoções híbridas.

Como assevera Lázaro: "Os instintos são a germinação e os embriões do sentimento; trazem consigo o progresso, como a glande encerra em si o carvalho, [...]".

Hoje, os instintos embrionários ramificaram-se no solo dos sentimentos florescendo uma plantação que solicita cuidados e atenção do lavrador para que ele saiba separar em seu canteiro interior aquilo que é praga daquilo que é fruto curativo e libertador, aquilo que é tóxico daquilo que cura. E, além de separar, deve aprender a reciclar e a dar destino saudável às emoções que curam.

Assim como na natureza, na ecologia emocional existe o tóxico e o reciclável, sementes boas e sementes impróprias para germinação de frutos saudáveis.

Façamos uma pequena e despretensiosa lista de algumas formas híbridas das emoções primárias e examinemos suas funções divinas em nós, objetivando cooperar com nossa alfabetização afetiva.

Azedume – O azedume é como uma reação alérgica indicando que algo não está nos fazendo bem. É um indício de que está havendo repetição de comportamentos nocivos à nossa paz e, portanto, uma indicação de que necessitamos alterar algo em nossa conduta.

Possivelmente, trata-se de uma velha forma de reagir a determinadas situações ou talvez uma insatisfação crônica com alguma pessoa ou com acontecimentos repetitivos, podendo também ser um sintoma de frustração.

O azedume é como uma pane interior gerando sobrecarga; é o estresse com algo que necessita de maior atenção na elaboração de soluções mais inteligentes que apresentem melhores resultados.

Examine o que o azedume quer lhe dizer. Pergunte: para que eu me encontro nesse estado? A respeito de que é essa minha irritação ou mau humor? O que necessito enxergar e que nova atitude eu necessito desenvolver neste contexto?

O azedume é um híbrido da raiva.

Angústia – A angústia é a emoção da morte, podendo ser a morte de desejos, de projetos, de ideais, da alegria e do prazer.

Ela é muito presente quando nos abandonamos para cuidar de outras pessoas ou por pura acomodação.

A angústia é um sintoma de que algo está desorganizado dentro de nós há muito tempo, é um pedido de reavaliação a respeito do caminho que estamos seguindo na vida ou sobre como estamos vivendo.

Ela quase sempre vem acompanhada da solidão para deixar claro que será urgente uma aproximação de nós mesmos, pois solidão é estar longe de si mesmo.

A angústia é um híbrido da tristeza.

Insegurança – A insegurança é desencadeada pela percepção de nós mesmos como seres vulneráveis, com acentuada sensação de desamparo. Sua função é mostrar que estamos nos apoiando em crenças que não nos ajudam a despertar os talentos adormecidos em nós. É um sintoma de que estamos precisando fortalecer nossa autoestima e enfrentar o que tememos.

A insegurança é um estado híbrido do medo.

Vaidade – A vaidade é um indicador emocional de que estamos necessitando avaliar uma carência que é sempre evidenciada por meio da relação humana. A vaidade aparece quando nos sentimos menores, sem valor, em falta, ou seja, ela vem para suprir o que faltou e só aparece onde há escassez.

Ela é também um sentimento fundamental para nossa paz, já que sem ela não saberemos localizar muitos aspectos sutis das nossas necessidades. Sem vaidade não nos cuidaríamos, não sentiríamos falta da alegria e de fazer algo por nós mesmos.

Aprendemos muitas coisas de forma inadequada a respeito de nossos sentimentos. Sem vaidade ninguém constrói uma estima pessoal sólida, que é o pilar do autoamor. Quem tenta sufocar sua vaidade cria um campo energético para doenças orgânicas, como dores musculares, constantes infecções e um severo mau humor. No entanto, se somos dominados inadequadamente por ela, usamo-la como mecanismo de defesa contra a sensação de inferioridade, de ausência de valor e poder pessoal.

A vaidade orientada para a preservação da autovalorização é uma fonte do bem que estamos desenvolvendo à luz de nossos esforços de espiritualização. Vaidade é também o prazer diante daquilo que somos ou realizamos. Quando focada na vida de relações, é a busca do prazer do reconhecimento, do aplauso e da admiração alheia. Quando focada na vida interior, é a energia que nos garante alegria e satisfação com nossas realizações, e quem cultiva alegria alcança melhor desempenho e leveza perante a vida, as coisas fluem. Energeticamente, a alegria é a emoção que lubrifica o cosmo sutil da aura.

A vaidade é um híbrido da alegria.

Insatisfação – A insatisfação é indicador de que estamos precisando tomar consciência sobre o que queremos e o que não queremos da nossa existência.

Quando persiste, a insatisfação é porque não conseguimos viver **o que** e **como** necessitamos e deixamos outras demandas tomarem o lugar do que queremos, ignorando as carências mais profundas do nosso ser. Essa emoção é o oposto da felicidade e estabelece profundo estado de desamor, sendo um sintoma muito importante de que nosso desejo está ativo e procurando novas expressões de amor e de nossa individualidade.

Parece um contrassenso, mas pessoas insatisfeitas estão movidas pelo princípio do amor. É um alerta da alma que está vinculado à faixa instintiva dessa emoção, querendo dizer: "não está bom desse jeito", "é preciso mudar e avançar.".

A insatisfação é uma emoção híbrida do amor.

****

Em nosso plano de ação no Hospital Esperança, constatamos que giram em torno de 88 os sentimentos mais conhecidos do homem na matéria, incluindo as emoções híbridas. Entretanto, ao desencarnarmos, tomamos contato com pelo menos mais vinte novas experiências emocionais nas faixas vibratórias mais próximas ao ambiente da Terra, causando-nos perturbação, indefinição e dor.

Mesmo sendo 88 os sentimentos mais conhecidos, o nível de inteligência emocional aponta para algo em torno de 12 a 18 sentimentos mais perceptíveis e comuns a quem guarda um bom grau de consciência emocional. Entretanto, a média, para a maioria dos habitantes do planeta, não passa de 9 sentimentos mais conhecidos e identificáveis.

Essas informações, que fazem parte de levantamentos de nossos institutos de educação no hospital, são fortes apelos para o trabalho urgente de orientação, com foco na educação emocional do espírito eterno, especialmente aos que se guiam pelos princípios imortalistas da doutrina espírita.

Faz-se urgente a elaboração de uma campanha para aquisição da alfabetização afetiva e do desenvolvimento de habilidades que permitam identificar e usar as emoções básicas e as híbridas como seguras trilhas emocionais para o autoconhecimento e a autotransformação.

Retomando as reflexões de Lázaro:

> "A fim de avançar para a meta, tem a criatura que vencer os instintos, em proveito dos sentimentos, isto é, que aperfeiçoar estes últimos, sufocando os germes latentes da matéria. "

Essa campanha é um convite para subirmos um degrau na escada da evolução, sair do instinto primário e avançar na direção da consciência lúcida. Sair das emoções híbridas e transformá-las em emoções que curam, pois não existem emoções sem finalidades curativas quando a alma está desperta para o patrimônio de luz que pode emergir de suas sombras.